**Astalo Garcia**

**Reforço da liderança juvenil na prevenção da violência no México**

AF144362

Astalo Garcia

# Reforço da liderança juvenil na prevenção da violência no México

## O género como meio de melhorar a qualidade de vida em Coahuila e Durango, uma região no norte do México

ScienciaScripts

**Imprint**

Any brand names and product names mentioned in this book are subject to trademark, brand or patent protection and are trademarks or registered trademarks of their respective holders. The use of brand names, product names, common names, trade names, product descriptions etc. even without a particular marking in this work is in no way to be construed to mean that such names may be regarded as unrestricted in respect of trademark and brand protection legislation and could thus be used by anyone.

Cover image: www.ingimage.com

This book is a translation from the original published under ISBN 978-3-330-32649-1.

Publisher:
Sciencia Scripts
is a trademark of
Dodo Books Indian Ocean Ltd. and OmniScriptum S.R.L publishing group

120 High Road, East Finchley, London, N2 9ED, United Kingdom
Str. Armeneasca 28/1, office 1, Chisinau MD-2012, Republic of Moldova, Europe
Printed at: see last page
**ISBN: 978-620-7-39344-2**

# Conteúdo

*"... Ninguém nasce um bom cidadão, nenhuma nação nasce uma democracia. Pelo contrário, ambos são processos que continuam a evoluir ao longo da vida. Os jovens devem ser incluídos desde o nascimento. Uma sociedade que corta a sua juventude, corta a sua linha de vida, está condenada a sangrar até à morte."*

*Kofy Anan Secretário-Geral das Nações Unidas (2005)*

## Resumo

A proposta de trabalho com crianças e jovens faz parte da experiência de quinze anos de trabalho com homens que usam a violência e frequentam grupos de reflexão, programas de paternidade foram instalados. A partir de 2006, as condições geográficas, políticas e económicas, impactaram significativamente a região, levando a violência como violência urbana emergente e crime organizado com a instalação de um estado de desamparo, medo, insegurança e desconfiança da população. Em 2007, os direitos humanos, principalmente das mulheres, são violados, as casas abrigo para mulheres em situação de extrema violência foram fechadas e os recursos destinados às mulheres foram retirados e mal utilizados.

De 2009 a 2012, considera-se um período de transição na vida do grupo de Homens Novos de La Laguna, marcado por cenários contextuais locais e nacionais que demandaram uma reflexão mais profunda sobre o que estava sendo feito, fazendo a sistematização de experiências que dessem subsídios para o desenho de novas estratégias. Esta proposta é relevante na medida em que pretende contribuir para a busca de alternativas na prevenção da violência e da criminalidade, especialmente uma violência baseada no género, procura promover lideranças diferentes das propostas por uma cultura patriarcal, centrada no homem e no adultismo, contribui para um maior protagonismo das raparigas e das mulheres no exercício dos seus direitos.

*A proteção da criança* implica reconhecer sinais de abuso físico, sexual ou emocional ou de negligência e agir em conformidade, mas *a salvaguarda da criança* implica manter as crianças e os jovens a salvo de um leque muito mais vasto de potenciais danos e visa a ação preventiva e não apenas a reação. Assim, um aspeto importante do projeto foi o seu enfoque na ação e, especificamente, no incentivo às crianças e aos jovens para se envolverem em acções de justiça social. A participação de jovens, raparigas e rapazes refere-se geralmente ao processo de partilha de decisões que afectam a vida de cada um e a vida da comunidade em que vivem. É o meio pelo qual se constrói uma democracia e é o padrão pelo qual as democracias devem ser avaliadas. *A participação* é o direito fundamental da cidadania.

A nossa abordagem apoia as crianças e os jovens no desenvolvimento de novas competências e capacidades que lhes permitem passar da reflexão e da análise à procura de soluções e ao planeamento de acções comunitárias conjuntas para enfrentar e transformar a sua situação difícil de violência e vulnerabilidade. Deste modo, ficam habilitados a assumir um papel ativo na promoção da mudança nas suas comunidades.

No centro deste programa está uma rede de jovens activistas comunitários e educativos sensibilizados, formados e capacitados como *Promotores* e *Promotoras*. Trata-se de jovens, geralmente com idades compreendidas entre os 12 e os 18 anos, que, através da participação em actividades com o Coletivo de Homens Novos, são capacitados para assumir um papel de liderança em diversos graus de envolvimento nas suas comunidades, trabalhando com grupos de crianças mais novas numa série de actividades educativas informais. Estas incluem atualmente o teatro de rua para jovens, o campismo e os fóruns de vídeo.

**Palavras-chave:** liderança, participação, metodologia criança a criança, jovens, género, qualidade de vida, prevenção, violência.

# Prefácio

A importância de abordar o problema da juventude em risco decorre do nível de violência que registra o país, particularmente nesta região, a presente proposta propõe o trabalho com crianças e jovens da região de Laguna e homens que frequentam um programa de atenção à violência doméstica com o objetivo de que eles assumam e alcancem um papel protagonista no desenvolvimento de suas comunidades.
Este panorama felizmente também fomenta a necessidade de buscar alianças e vínculos de relações internacionais que permitiram aprender e obter ferramentas para um fortalecimento do Coletivo de Homens Novos de La Laguna e seus membros.
Em 2009, visualizam-se possibilidades de trabalho conjunto para oferecer alternativas que contribuam para preservar o direito dos cidadãos de viver uma vida com qualidade, livre de violência.

O trabalho no âmbito dos programas de intervenção com os homens e as experiências com os jovens da região foi reforçado com novas e diversas experiências de trabalho fora do país, como na Nicarágua, na América Central, no domínio do VIH, da SIDA, dos direitos humanos e da diversidade sexual, com diversos grupos populacionais, polícias, militares, grupos religiosos, afro-descendentes, etc.

Assim, a proposta *"Fortalecimento da liderança juvenil na prevenção da violência, género como meio de melhorar a qualidade de vida em Coahuila e Durango, uma região do norte do México"* apresenta um compêndio de experiências com raparigas, rapazes e jovens no fortalecimento da sua liderança e na construção da cidadania através da promoção da *participação* e do exercício dos seus *direitos* tendo como eixos transversais *a justiça de género* e as *masculinidades*.

Este trabalho é inspirado na experiência de trabalho do autor como especialista em masculinidades em dois projectos de investigação na Nicarágua, América Central, realizados de 2009 a 2013.

## Agradecimentos

Os contextos, cenários e tempos em que felizmente estive envolvido foram diversos e diferentes, tal como foram diferentes os grupos de pessoas que realizaram estas experiências durante mais de uma década e meia.

Um desses momentos históricos que marcaram a minha vida pessoal, familiar, social e profissional é o período de 2006 a 2013, caracterizado pela instabilidade social, económica e política no México, o meu país, mas também na região e na cidade onde a violência de raiz e a criminalidade foram a constante nesse período, e é neste cenário que algumas mulheres e raparigas, alguns homens, jovens e crianças me deram apoio para desenvolver o meu trabalho em momentos críticos.

Entre estas pessoas estão a minha mulher Elvia Garcia, a minha filha Elvia Paola, os meus filhos Esli e Ricardo, que tiveram de sofrer as minhas ausências frequentes e prolongadas, mas que sempre partilharam os meus sonhos.

Gloria Yolanda Medina, Maria Elena Calderon, Luz Elena Martinez, Elida Bautista, Rosario (Charito) Aldaba, Evangelina Velazquez, Sandra Flores, Patricia Ruvalcaba, Rosario Varela, Marina Arvizu, Martha Roman, Maria de la Paz Idunate, todas as mulheres amigas e colegas dos Refugiados e dos Grupos de Reflexão para Mulheres e seus filhos que sofrem violência extrema e põem em perigo as suas vidas e cuidam de jovens vulneráveis.

Jesus Borrego, Sergio Armando Garza, Gabriel Pena, Francisco Blanco, Luis Dominguez, do Grupo de Masculinidades do Coletivo de Homens Novos de La Laguna, que acreditaram no projeto a partir do momento em que chegaram à procura de apoio para atender aos seus próprios comportamentos de violência e que se comprometeram com uma mudança para além dos programas de atendimento.

Eduardo Liendro, Francisco Cervantes, Roberto Garda, do Coletivo de Hombres por Relaciones Igualitarias (CORIAC), México e Antonio Ramirez, do Center to Eradicate Masculine Intrafamily Violence, São Francisco, Califórnia, E.U.A. Larry J. Madrigal, Walberto Tejeda, Rutilio Delgado, de Equinoccio, Escuela Metodologica en Masculinidades, El Salvador, Centro América.

Maria Hamlin, Ana Quiroz, Rosa Maria Tijerino, Felix Alberto Salinas, Carmen Bone, Ileana Zacarias, Darling Gonzalez, Jose Moraga, membros da Direção e da Equipa Técnica do Centro de Informacion y Servicios de Asesoria en Salud (CISAS) na Nicarágua, América Central.

Patricio Cranshow, da Progressio em Londres, e Douglas Mendoza da Rede de Masculinidade da Nicarágua, John Bayron do Grupo de Masculinidade da Colômbia e Harish Sadani da Men Against Violence & Abuse - MAVA em Nova Deli, Índia.

A quem devo a minha primeira aprendizagem e que me deu a oportunidade de reconhecer a minha própria violência e de ter partilhado as suas metodologias de trabalho com outros homens.

De forma especial, todas as raparigas, rapazes e jovens e as suas famílias que participaram com entusiasmo nos projectos que integram estas experiências, incluindo os homens que frequentam os programas de atenção à violência no nosso coletivo.

A todos o meu mais profundo agradecimento pela vossa confiança, conhecimento, amor e apoio nesta busca de uma vida melhor, mais justa e mais saudável, especialmente para as raparigas e mulheres das nossas vidas.

## Definições

(Este glossário destina-se a servir de guia para a leitura do relatório, mas as definições apresentadas são dinâmicas e estão sujeitas a alterações).

**Agência**
A capacidade de fazer escolhas significativas e de as pôr em prática.

**Espaços amigos da criança** - Um local seguro para as crianças interagirem com os seus pares fora de casa e receberem apoio psicossocial direto.

**Sociedade civil** - Cidadãos ou grupos que participam fora das instituições governamentais formais. Podem ser organizações não governamentais (ONG), organizações da vida local e comunitária, organizações sindicais e associações empresariais.

**Condição e posição** - A condição refere-se ao nosso estado material e à nossa vida quotidiana. Inclui, normalmente, o acesso a recursos básicos, como abrigo, alimentação e proteção. A posição refere-se ao nosso estatuto social e ao valor que a sociedade nos atribui. Isto inclui a nossa capacidade de controlar os recursos e de tomar decisões que afectam as nossas vidas.

**Tomada de decisões** - A capacidade de uma pessoa participar no processo de tomada de decisões que afectam a sua vida.

**Empoderamento** - O poder é a capacidade de moldar a própria vida e o ambiente em que se vive. A falta de poder é uma das principais barreiras que impedem as raparigas e as mulheres de concretizarem os seus direitos e de escaparem aos ciclos de pobreza. Esta situação pode ser ultrapassada através de uma estratégia de capacitação. O empoderamento baseado no género implica a criação de activos (sociais, económicos, políticos e pessoais) para as raparigas, o reforço da sua capacidade de fazer escolhas sobre o seu futuro e o desenvolvimento do seu sentido de autoestima e da sua convicção na sua própria capacidade de controlar as suas vidas.

**Exclusão** - Definida como o processo através do qual indivíduos ou grupos são parcial ou totalmente excluídos dos direitos, oportunidades e recursos que estão disponíveis para outros na sociedade em que vivem. O termo exclusão é utilizado como um termo genérico que abrange termos relacionados como marginalização, risco de exclusão, discriminação, desigualdade e outros.

**Exclusão e discriminação** - A discriminação é o tratamento injusto ou prejudicial das pessoas com base na sua identidade. A identidade das pessoas é moldada pelo seu ambiente social, pelas múltiplas facetas da exclusão e pela vulnerabilidade que experimentam.

**Exclusão e vulnerabilidade** - A exclusão pode aumentar a vulnerabilidade de uma pessoa, reduzindo a sua capacidade de superar choques e adversidades. A vulnerabilidade, por sua vez, pode criar e reforçar exclusão. Ambas diminuem as oportunidades de vida e podem resultar em pobreza.

**Género** - O conceito de género refere-se às normas, expectativas e crenças sobre os papéis, relações e valores atribuídos a raparigas e rapazes, mulheres e homens. Estas normas são socialmente construídas, não são invariáveis nem são biologicamente determinadas. Mudam com o tempo. São aprendidas com as famílias e os amigos, nas escolas e nas comunidades, nos meios de comunicação social, no governo e nas organizações religiosas.

**Equidade de género** - A equidade de género significa ser justo para mulheres e homens, raparigas e rapazes. Para garantir a equidade, são tomadas medidas para resolver a discriminação social ou histórica e as desvantagens enfrentadas pelas raparigas em relação aos rapazes. Uma abordagem de equidade de género garante o acesso equitativo e o controlo dos recursos e benefícios do desenvolvimento através de medidas específicas. As bolsas de estudo para raparigas são um exemplo de uma abordagem de equidade que contribui para que todas as crianças, rapazes e raparigas, tenham acesso à escola e beneficiem igualmente das oportunidades de educação. O aumento da equidade de género é apenas uma parte de uma estratégia que contribui para a igualdade de género.

**Igualdade de género** - A igualdade de género significa que as mulheres e os homens, as raparigas e os rapazes gozam do mesmo estatuto na sociedade; têm o mesmo direito a todos os direitos humanos; gozam do mesmo nível de respeito na comunidade; podem aproveitar as mesmas oportunidades para fazer escolhas sobre as suas vidas; e têm o mesmo poder para moldar os resultados dessas escolhas. A igualdade de género não significa que as mulheres e os homens, ou as raparigas e os rapazes, sejam iguais. As mulheres e os homens, as raparigas e os rapazes têm necessidades e prioridades diferentes, mas relacionadas, enfrentam constrangimentos diferentes e beneficiam de oportunidades diferentes.

**Justiça de género** - O conceito de justiça de género sublinha o papel dos responsáveis pelos direitos das raparigas e dos rapazes. A equidade de género é o fim das desigualdades entre mulheres e homens, que resultam na subordinação de mulheres e raparigas a homens e rapazes. Implica que raparigas e rapazes, homens e mulheres tenham igual acesso e controlo sobre os recursos, a capacidade de fazer escolhas nas suas vidas, bem como o acesso a disposições para corrigir as desigualdades, conforme necessário. Um compromisso com a equidade de género significa tomar uma posição contra a discriminação de género, a exclusão e a violência baseada no género. Centra-se na responsabilidade de responsabilizar os detentores do dever de respeitar, proteger e cumprir os direitos humanos, em especial das raparigas e das mulheres.

**Discriminação de género** - A discriminação de género descreve a situação em que as pessoas são tratadas de forma diferente simplesmente porque são homens ou mulheres, e não com base nas suas competências ou capacidades individuais. Por exemplo, a exclusão social, a incapacidade de participar nos processos de tomada de decisão e a restrição do acesso e controlo de serviços e recursos são resultados comuns da discriminação. Quando esta discriminação faz parte da ordem social, é designada por discriminação sistémica de género. Por exemplo, nalgumas comunidades, as famílias optam habitualmente por dar educação superior aos filhos, mas mantêm as filhas em casa para ajudarem no trabalho doméstico. A discriminação sistémica tem raízes sociais e políticas e tem de ser abordada a muitos níveis diferentes de programação.

**Estereótipos de género** - Os estereótipos de género são crenças socialmente construídas e inquestionáveis sobre as diferentes características, papéis e relações das mulheres e dos homens, que são consideradas verdadeiras e imutáveis. Os estereótipos de género são reproduzidos e reforçados através de processos como a educação e a criação de raparigas e rapazes, bem como a influência dos meios de comunicação social. Em muitas sociedades, as raparigas são ensinadas a ser receptivas, emotivas, subservientes e indecisas, enquanto os rapazes aprendem a ser assertivos, destemidos e independentes.

**Violência baseada no género** - A violência baseada no género refere-se à violência física, sexual, psicológica e económica infligida a uma pessoa pelo facto de ser masculino ou feminino. As raparigas e as mulheres são os alvos mais frequentes da violência de género, mas esta também afecta rapazes e homens, especialmente aqueles que não se enquadram nos estereótipos masculinos dominantes de comportamento ou aparência. A violência baseada no género pode referir-se a actos criminosos de agressão cometidos por indivíduos, ou a violência socialmente sancionada que pode mesmo ser cometida por autoridades estatais. Entre estas, contam-se violações dos direitos humanos como a violência doméstica, o tráfico de raparigas ou rapazes, a mutilação genital feminina ou a violência contra homens que têm sexo com homens.

**Inclusão** - Um sentimento de pertença, o sentimento de que se é bem-vindo numa área sem se sentir ameaçado ou desconfortável.

**Participação** - O envolvimento das crianças e dos jovens nas decisões individuais sobre as suas próprias vidas, bem como o envolvimento coletivo em assuntos que os afectam.

**Espaço público** - Espaços que estão abertos à utilização pública. Inclui ruas, áreas de lazer, parques, praças comunitárias, etc.

**Masculinidades** - Refere que existem muitas definições socialmente construídas para ser homem e que estas podem mudar ao longo do tempo e de lugar para lugar. O termo está relacionado com noções e ideais percepcionados sobre a forma como os homens devem ou se espera que se comportem num determinado contexto.

**Segurança** - ausência de ocorrência ou risco de lesão, perigo ou perda.

**Ambiente social** - Utilização comunitária do espaço, práticas sociais conjuntas na zona, diferentes grupos de pessoas que utilizam o espaço.

**Normas sociais** - Regras informais, divisões de papéis de género e crenças, atitudes e comportamentos que regulam o comportamento na sociedade, prescrevem que comportamento é esperado e o que não é permitido em circunstâncias específicas, influenciam as crenças sobre o que esperar do comportamento das raparigas, por exemplo.

**Grupos sociais** - Duas ou mais pessoas que interagem entre si, partilham características semelhantes e têm um sentido de unidade. Os grupos sociais podem ter várias formas e dimensões; os indivíduos podem pertencer a vários grupos sociais ao mesmo tempo. A pertença a grupos sociais específicos determina frequentemente o nível de exclusão e desigualdade que os indivíduos experimentam.

**Jovens - Rapariga** ou rapaz na fase de transição entre a infância e a idade adulta legalmente definida (12 a 18 anos). A definição legal de adulto varia de país para país, mas situa-se geralmente entre os 17 e os 21 anos. Para efeitos do presente relatório, a referência a raparigas e rapazes adolescentes inclui a faixa etária dos 12 aos 18 anos incluída na amostra da investigação.

**Violência** - A Organização Mundial de Saúde (OMS) define a violência como: "O uso intencional da força física ou do poder, ameaçado ou efetivo, contra si próprio, contra outra pessoa, ou contra um grupo ou uma comunidade, que resulte ou tenha grande probabilidade de resultar em ferimentos, morte, danos psicológicos, desenvolvimento deficiente ou privação".

**Violência contra as mulheres e as raparigas** - Qualquer ato de violência com base no género, que resulte ou seja suscetível de resultar em danos físicos, sexuais ou psicológicos ou em sofrimento para as mulheres, incluindo ameaças de tais actos, coerção ou privação arbitrária da liberdade, quer ocorram na vida pública ou privada.

# Introdução

A discriminação baseada no género e os estereótipos de género são violações dos direitos humanos e contribuem para ciclos de pobreza que podem afetar as comunidades ao longo de muitas gerações. As raparigas que não podem ir à escola ou que são casadas quando ainda são crianças enfrentam desafios específicos que as colocam em desvantagem, de modo a que, no futuro, não sejam

capazes de promover efetivamente os direitos das suas próprias filhas e filhos. Os estereótipos de género que promovem os traços dominantes de masculinidade também afectam a capacidade dos rapazes de desenvolverem relações saudáveis com as raparigas e limitam a sua capacidade de crescerem e de se tornarem parceiros e pais atenciosos. Por exemplo, os rapazes que são educados para serem agressivos e para se sentirem superiores às mulheres correm o risco de se tornarem violentos e abusivos. No nosso país e, em particular, na região de La Laguna, no norte do México, esta condição das raparigas, rapazes e jovens tem sido sobretudo violada pelos impactos do tráfico de droga e da criminalidade.

O Coletivo de Nuevos Hombres de Laguna é uma organização da sociedade civil sem fins lucrativos residente na cidade deTorreon, Coahuila há dezassete anos, dispõe dos registos legais que lhe permitem funcionar, trabalhando com homens que exercem violência contra as suas companheiras e decidem pará-la.

O Coletivo de Nuevos Hombres de La Laguna tem também como objetivo prestar assistência técnica para reforçar as capacidades de advocacia e de comunicação dos jovens para fazer campanhas de sensibilização contra o estigma, a discriminação e a violência; explorar as capacidades dos próprios jovens para gerir os problemas que identificam e fazer advocacia para os colocar nas agendas sociais e públicas; sensibilizar os cidadãos para promover um clima de tolerância, de paz e de melhor qualidade de vida.

Entendemos que o papel da juventude é necessário para alcançar o desenvolvimento e promover a equidade social. Uma sociedade em que as mulheres e os homens jovens têm mais poder sobre os seus direitos, melhores condições de vida e participam na tomada de decisões tem mais oportunidades de atingir os seus objectivos.

O objetivo deste documento é mostrar a situação dos jovens em risco da região de Laguna (Coahuila-Durango) e propor alternativas para enfrentar este problema.

A importância da problemática dos jovens em risco deve-se ao nível de violência que se regista neste país, particularmente nesta região e que "... é destruir muito do capital humano, que o sistema educativo cria diariamente..." (Londono, Gaviria e Guerrero, 2000).

Também decorre do facto de que a região terá até 2020 o maior contingente de jovens da sua história e que a coesão social das sociedades latino-americanas depende da capacidade de integrar os jovens como actores sociais centrais e não marginais (Briseno-Léon 2002).

Esta proposta pretende trabalhar com crianças e jovens da região de La Laguna e homens que frequentam um programa que lida com a sua violência, a fim de alcançar a prevenção da violência de género, promover uma qualidade de vida e assumir um papel de protagonista no desenvolvimento das suas comunidades. Explora a forma como a participação das crianças ganha significado em situações de conflito e de construção da paz pós-conflito. Em particular, explora a forma como as actividades lideradas por crianças e as capacidades de raparigas e rapazes reforçadas podem melhorar o papel das crianças como agentes da paz.

As áreas de oportunidade para os jovens se posicionarem como agentes de mudança e desenvolvimento no México e, especificamente, na região de La Laguna, têm necessariamente a ver com a formação e educação dos jovens na identificação e modificação dos factores de risco e proteção necessários para a prevenção da violência urbana que as pessoas enfrentam hoje, incluindo os jovens.

Os direitos da criança tornaram-se sinónimo de participação, como um direito sustentável para todas as crianças, em todas as áreas das suas vidas. Para atingir este objetivo, temos de voltar à Convenção sobre os Direitos da Criança e analisar cuidadosamente os direitos que ela incorpora e as obrigações específicas que, por conseguinte, impõe aos governos. Em conformidade com o artigo 12º da Convenção das Nações Unidas sobre os Direitos da Criança (UNCRC) de 1990.

As crianças de todas as idades e capacidades, incluindo as mais marginalizadas, devem ter uma palavra a dizer em qualquer assunto que lhes diga respeito. A participação deve ser informada e voluntária. (Programa de Proteccion y Garantia de Derechos Humanos de Ninos y Adolescentes y Sistema Estatal de Garantia -2017) (Derechos Humanos Ninos y Adolescentes en Coahuila, 2014-2017) (Ley de los Derechos de las Ninas, Ninos y Adolescentes del Estado de Durango -2015), Programa para la Igualdad y No Discriminacion. Coahuila de Zaragoza 2014 2017 Estes são alguns dos quadros jurídicos que foram tidos em conta neste documento.

Coproduzir um estado de segurança pública que é o processo que permite que todas as agências estatais e municipais, bem como as instituições da sociedade civil, a indústria privada e os residentes participem responsavelmente envolvidos na construção de uma cidade mais segura, mais eficiente e coordenada que enfrenta problemas de segurança, tais como gangues, violência nas escolas, bairros estigmatizados ou jovens vulneráveis em risco, etc. (Carrion 2008, Falu 2009)

A coprodução baseia-se no facto de a segurança ser da responsabilidade de todos e não apenas do sistema de justiça penal. Este pressuposto decorre das múltiplas causas da criminalidade e dos comportamentos anti-sociais e da necessidade de uma resposta multi-setorial coordenada e integrada (Moser, 2004)

O papel dos jovens nesta iniciativa não é o de meros receptores, mas sim o de actores, organizadores, artistas, promotores e multiplicadores, ou seja, a juventude como um grupo etário que realmente afecta o desenvolvimento da comunidade. São eles que realizam o trabalho nas suas comunidades e que conduzem as negociações com outras instituições e organizações. O papel do grupo de Homens Novos e de sua contraparte local - Mulheres Vivas - um Coletivo de Mulheres, será o de coordenar, acompanhar e compartilhar responsabilidades com as diversas políticas de juventude dentro de um processo de formação.

A proposta adopta cinco linhas de trabalho:

- Revisão da literatura sobre investigação e políticas relativas a crianças e jovens a participação das pessoas.

• As competências, os conhecimentos e a experiência do Coletivo de Nuevos Hombres de La Laguna e do Grupo de Masculinidades, que contribuíram para o desenvolvimento estratégico da participação na organização e criaram uma série de recursos para facilitar a participação das crianças e dos jovens.

• Os pontos de vista de homens e gestores envolvidos em New Men e noutras organizações civis.

• As opiniões dos filhos e filhas de homens que frequentam os Grupos de Reflexão no Coletivo de Homens Novos que tiveram experiências de violência doméstica e/ou actividades criminosas.

• Estudos de casos que demonstram o desenvolvimento da participação dos jovens

nas organizações de assistência social como antecedente, tendo em conta dois projectos no Norte do México e duas experiências de projectos na Nicarágua, Centro América

Este projeto destina-se aos seguintes grupos-alvo:

3 Organizações da sociedade civil de cada uma das quatro cidades, Torreon e Matamoros, em Coahuila, e Gomez Palacio e Lerdo, em Durango, defensores dos direitos humanos, prestadores de serviços a jovens e resposta à violência.

200 estudantes universitários e 200 jovens dos bairros de lata dos polígonos

seleccionados mais afectados e mais vulneráveis à violência e à criminalidade, que serão sensibilizados através de uma campanha de comunicação e de sensibilização para a prevenção da violência e para a redução da discriminação em função da idade, do sexo, do estatuto social, etc.

50 jovens de ambos os sexos, com idades compreendidas entre os 12 e os 18 anos, foram formados diretamente pelo projeto. Os beneficiários directos foram os (Grupo-alvo) Ação.

Os beneficiários directos deste projeto expressaram publicamente o seu sentimento de medo às autoridades locais e à comunidade, profundamente preocupados com a elevada vulnerabilidade encontrada e com a falta de proteção que se deve à falta de capacidades institucionais e às deficiências do sistema jurídico para responder às necessidades do seu estatuto jovem, ao medo e aos sentimentos de insegurança devido à violência e ao crime.

A alienação e a desorganização social são factores a considerar para a explicação da violência urbana nas cidades, o campo espacial onde convergem a violência económica, política e social (Vilalta 2010; Vilalta 2012). A região deLa Laguna, nos estados de Coahuila e Durango, cruza essas características.

As secções deste livro abordam as questões da violência urbana na região, 1) *O problema, o contexto, a proposta de trabalho, o quadro teórico e a metodologia utilizada.* 2) *Modelos de trabalho com raparigas, rapazes, jovens e homens.* 3) *O processo, os resultados e as conclusões da experiência.*

# CAPÍTULO 1

## *O problema, o contexto, a proposta de trabalho, o quadro teórico e a metodologia utilizada.*

### 1.1 Antecedentes

Em 1998, é criado o Coletivo de Homens Novos, fruto do esforço e reflexão de vários homens que contam também com o apoio e encorajamento de muitas mulheres para formar na Região de Laguna, em Coahuila e Durango, no norte do México, um movimento alternativo coerente e solidário com as novas mudanças que as mulheres estão a fazer e sensível aos graves problemas de violência doméstica, sexual e de género, abusos de poder cometidos maioritariamente por homens, principalmente contra as mulheres.

Os grupos educativos e de reflexão para homens foram moldados com uma perspetiva de género, implicando o desenvolvimento de metodologias de autocrítica proactivas de formas de abuso de poder através do controlo e domínio que historicamente os homens tendem a praticar nas suas relações. Tais grupos devem então promover uma cultura quotidiana de respeito, intimidade e equilíbrio espiritual, promover a democracia na vida íntima e social de homens e mulheres (Garcia 2007).

No início de 2004, foi criada a primeira oficina de paternidade *"Paternar depois da violência"*, destinada a homens que, após terem sido vítimas de violência contra as suas companheiras, incorporaram gradualmente os seus filhos, depois de terem alterado o seu comportamento violento

### 1.2 Problema

O trabalho com crianças e jovens faz parte da experiência de quinze anos, no trabalho com homens que usam a violência, os conceitos de *"jovem"* e *"desenvolvimento"* estão implícitos nas próprias histórias de vida dos homens que frequentam os grupos de reflexão sobre violência e masculinidade, como parte de sua identidade e papéis de gênero, mas também relacionalmente através de suas relações de paternidade quando falam sobre seus discursos sobre os filhos. Desde 2006, as condições geográficas, políticas e económicas, impactaram significativamente a região, levando a violência urbana a emergir como violência e crime organizado com a instalação de um estado de desamparo, medo, insegurança e desconfiança da população.

Em 2007, os direitos humanos, especialmente os das mulheres, foram violados, as casas de abrigo para mulheres vítimas de violência extrema foram encerradas e os recursos destinados às mulheres foram retirados e mal utilizados.

## 1.3 Contexto

A Agenda 2030 para o Desenvolvimento Sustentável (2015) fez das "sociedades pacíficas, justas e inclusivas" uma prioridade global ao incluir a paz como uma questão transversal e como um objetivo autónomo. A inclusão do Objetivo 16 constitui uma oportunidade para abordar os obstáculos à paz, como a violência, a falta de acesso à justiça, os fluxos financeiros e de armas ilícitos e a exclusão política.

A nível mundial, começaram os debates sobre a forma como os doadores, as agências multilaterais, os Estados membros e as organizações não governamentais (ONG) podem contribuir para o progresso no sentido da realização do Objetivo 16 através de políticas e programas. Embora se reconheça a necessidade de aplicar uma perspetiva de género a todos os esforços para atingir o Objetivo 16, a questão de saber que forma isso assumirá permanece largamente inexplorada. Durante o conflito, muitas crianças foram separadas dos seus pais devido à deslocação, à pobreza ou à morte dos seus cuidadores. As crianças desacompanhadas e separadas enfrentam um elevado risco de abuso, exploração e violência sexual na ausência de cuidados parentais. Desde 2013, muitas raparigas e rapazes foram raptados ou recrutados à força para grupos armados, como combatentes, espiões, cozinheiros ou escravos sexuais. A Unicef estima que cerca de 10.000 crianças tenham sido associadas a grupos armados. Muitas crianças viram as suas casas e escolas serem destruídas e os seus amigos e pais serem atacados por grupos armados.

2007, o Coletivo de Homens Novos teve que enfrentar novas mudanças estruturais e sistêmicas no país, a violência urbana, a criminalidade e as atividades relacionadas ao sistema de tráfico de drogas, essa situação impacta nos processos individuais dos homens que frequentam os programas em nossa região, refletindo em deserção, violência familiar, desassossego, insegurança, desemprego, medo, desconfiança, etc. (Seidler 2007).
Se a violência doméstica e a violência contra as mulheres são invisíveis, a comunicação mediática dá maior ênfase a outras violências emergentes relacionadas com o crime organizado e o tráfico de droga.

Devido à sua condição geográfica, a região de La Laguna é a passagem forçada para as cidades fronteiriças nos estados de Chihuahua e Coahuila na fronteira deEstados Unidos da América e, portanto, um dos pontos mais estratégicos para o tráfico e venda de drogas, Por essa razão, a luta pelo território tornou-se violenta durante os anos 2009-2013.

Mapa da região de La Laguna no México

La Laguna, como é vulgarmente conhecida esta próspera região, é constituída por16 municípios, llo do Estado deDurango e 5 do Estado de Coahuila, concentrando-se a população principalmente nas cidades contíguas. A Área Metropolitana de La Laguna ou de Torreón é a área metropolitana resultante da fusão das cidades de Torreón e Matamoros, do Estado de Coahuila, e das cidades de Gomez Palacio e Lerdo, do Estado de Durango.
De acordo com os resultados do recenseamento efectuado pelo INEGI em 2010, **(Censo de Poblacion y Vivienda (2010)**. Esta zona tinha uma população de cerca de 1.215.817 habitantes numa área de 5.078,9 km$^2$.

Esta Região tem uma vocação industrial da Indústria Metalomecânica e Transformadora, existem grandes cadeias empresariais dedicadas a diferentes artigos originários de La Laguna e Prestação de serviços públicos e privados.

Os cidadãos desta parte do país vivem com medo da disputa de território entre os dois principais cartéis, os Zetas e o Cartel de Sinaloa. O estilo de vida mudou nesta região. Alguns serviços de atendimento às mulheres que sofrem violência por parte de seus parceiros, inclusive duas casas de abrigo para mulheres e seus filhos que viviam em situação de extrema violência foram fechadas, sendo uma delas ocupada por militares argumentando a necessidade de atender ao aumento da violência no E aumento das atividades relacionadas ao crime organizado.
O medo, o receio e o sentimento de insegurança instalaram-se gradualmente nos homens que frequentam o programa, bem como na população em geral.

Quanto à questão relacionada com o sistema de tráfico de drogas, já em 2004 e 2005, o nosso grupo de Homens Novos teve uma experiência de trabalho de dois anos dentro de um Centro de Readaptação Social com homens que cumpriam uma pena de dez anos por crimes contra a saúde, homens ligados a actividades relacionadas com o tráfico de drogas, estabelecendo uma ligação com os homens do Programa Homens que Renunciam à Violência (PHRSV), instalando um programa para homens dentro da prisão (Garcia, 2008).

2010, um ano em que a situação de violência e criminalidade ligada ao sistema do narcotráfico se tornou mais complexa no nosso país e na nossa região, começou a convulsionar, Crimes aumentaram, mortes colectivas, cenários diversos, confrontos entre elementos da segurança pública e militar, pistoleiros de diferentes cartéis, demissões em massa de polícias, altos executivos, corrupção indiciada por funcionários, sequestros e hipervigilância nas ruas dia e noite por forças policiais municipais, estaduais e locais, federais e militares. Os contextos, as rotinas, os horários, as relações da população foram afectados, os espaços que antes tinham sido espaços de construção da cidadania, de socialização entre os habitantes foram desaparecendo, os locais de lazer para os jovens foram encerrados. Surgiram violações de todo o tipo, violação dos direitos humanos, branqueamento de capitais, raptos de empresários, direito a uma vida sem violência, pessoas que tiveram de abandonar os seus estudos, os seus empregos, até mesmo os seus locais de residência.

Com esses cenários em 2008, trabalhando com homens, os programas foram reestruturados incluindo crianças e jovens, fortalecidos pela contribuição de metodologias lúdicas baseadas na educação popular. Ao longo do jogo, são explorados diferentes tipos de liderança entre grupos de rapazes e raparigas, identificando as suas próprias qualidades e as dos outros. É importante um acompanhamento próximo entre o facilitador, os mentores e os jovens participantes.

### 1.4 Opções

A adesão a redes e grupos na América Central e do Sul, nos EUA e na Europa, permitiu à New Men repensar as suas acções enquanto grupo, os seus compromissos sociais e os seus desafios face a novas realidades.

Com essas expectativas, a Homens Novos tem sido chamada a participar de projetos conjuntos, cujas contra-partes conhecem sua história e, portanto, as possibilidades de trabalho conjunto apresentadas para oferecer alternativas de preservação do direito do cidadão de viver com qualidade de vida, livre de violência.

O trabalho no âmbito de programas de intervenção com homens e a experiência com jovens na região permitiram aventurar-se noutras áreas de trabalho fora do país, como o VIH e a SIDA, os direitos humanos e a diversidade sexual, com diferentes grupos populacionais, polícia, militares, grupos religiosos, afrodescendentes, etc.

Durante os anos 2009-2013, tive uma grande oportunidade de trocar experiências como especialista em masculinidades na América Central, na Nicarágua participei em dois projectos: *"Promotion y defensa de los DDHH de personas viviendo con VIHy SIDA y prevention con enfoque de equidad (DCI-NSAPVD/2008/168-234)* e *"Promover la Prevention del VIHy Sida en 31 Zonas de Intervención en 23*

15

*Municipios de Nicaragua, desde un Enfoque de Genero, Generationaly de Derechos Humanos (DCI-NSAPVD/2008/168-234) ",* financiado pela União Europeia e pela Progressio, uma ONG de Londres, a Action Aid, uma agência espanhola de cooperação internacional, e o Center for Information and Health Advisory Services (CISAS), uma ONG da Nicarágua, experiências que inspiraram este modelo de trabalho com rapazes e homens sobre temas sensíveis ao género.

## 1.5 Decisões

De 2009 a 2013, considera-se um período de transição na vida do grupo de Homens Novos de La Laguna, no norte do México, marcado por cenários contextuais locais e nacionais que exigiram uma reflexão mais profunda sobre o que estava a ser feito, para sistematizar experiências que dessem contributos para desenhar novas estratégias para responder a novos desafios expressos por pessoas preocupadas com as condições de criminalidade, violência e violações de direitos dos indivíduos e especialmente dos grupos mais vulneráveis, como mulheres, crianças, jovens e grupos de diversidade sexual, étnica, religiosa e política. Assim, Homens Novos assumiu o desafio de buscar alternativas mais formais para prevenir a violência através do envolvimento, proteção e participação de meninas, meninos e jovens mais vulneráveis e afetados pela violência criminal.

Foram criados Espaços Amigáveis como estratégia para prestar serviços integrados de proteção e educação de crianças e jovens em contextos de conflito. Há uma grande necessidade de espaços fisicamente seguros para as crianças brincarem, aprenderem e socializarem. Os pais, as crianças e os líderes comunitários expressaram ainda a necessidade de as raparigas e os rapazes poderem brincar fora de casa, uma vez que o risco dos grupos armados se tornou um fator de isolamento social na comunidade.

## 1.6 A proposta

O objetivo global do projeto consiste em sensibilizar e formar raparigas, rapazes e jovens líderes de ambos os sexos da região de La Laguna e pessoas que trabalham com jovens na identificação de factores de risco em zonas de conflito, comportamentos sexistas e violentos, através de cursos, workshops, debates e acampamentos, por meio de métodos lúdicos como palhaços, fantoches, teatro de rua, dramatização, jogos, fóruns de cinema, etc.

A presente proposta adopta cinco linhas de trabalho, com base nas propostas de Polly Wright, Claire Turner, Daniel Clay e Helen Mills:

- ***Revisão da literatura sobre investigação e políticas relativas à participação das crianças e dos jovens.***

Foi feita uma revisão bibliográfica considerando uma abordagem sistémica da participação para afetar a mudança ou a melhoria dos seus serviços. Esta abordagem sugere que existem quatro partes do desenvolvimento de serviços que devem ser consideradas: *Cultura, Estrutura, Prática e Revisão.*

Qual é a *cultura de* participação das crianças e dos jovens numa região como a de La Laguna? Quem deve demonstrar um compromisso com a participação das crianças e dos jovens? É partilhada pelos adultos, pelos decisores e pelas próprias crianças?

Como planear e desenvolver as *estruturas* necessárias para permitir que as crianças e os jovens se tornem participantes activos? Incluindo pessoal, recursos, processos de decisão e planeamento.

Que graus de *prática* participativa têm as crianças e os jovens para se envolverem? A prática da liderança de raparigas, rapazes e jovens é uma boa estratégia para a capacitação? As organizações públicas e privadas têm em conta a abordagem de género para as necessidades das raparigas e das mulheres?

*A revisão* é uma forma de registar como as crianças e os jovens foram ativamente envolvidos e, mais importante, como a participação ajudou a mudar os seus comportamentos ou a melhorar os serviços de assistência social? E quanto ao processo de monitorização e avaliação da participação das crianças e dos jovens?

- *As competências, os conhecimentos e a experiência do Coletivo de Homens Novos de La Laguna e do Grupo de Masculinidades, que contribuíram para o desenvolvimento estratégico da participação na organização e criaram uma série de recursos para facilitar a participação das crianças e dos jovens.*

Os processos de mudança pessoal (individual) feitos em grupos masculinos não são suficientes para construir a igualdade de género, decidir acabar com a nossa violência contra as mulheres e alcançá-la significa um questionamento parcial da masculinidade, repensar e refletir a experiência individual de "ser homem" e a possibilidade de dar um novo significado às nossas vidas. A outra dimensão do conceito de masculinidade é a masculinidade como conceito estrutural-ideológico que deu origem ao currículo oculto do sexismo; os mandatos sociais, a designação de papéis para homens e mulheres com base na diferença biológica.

O conceito de masculinidade de New Men não é apenas uma questão que tem a ver com a opinião de construção da identidade dos homens, mas é entendido como uma ferramenta operacional para a análise das realidades.

Foi um processo difícil, mas ainda mais difícil foi a decisão de realizar uma análise crítica das novas realidades na região de La Laguna. Em 2006, a assistência aos

Grupos de Prevenção da Violência e Masculinidades começou a diminuir, os temas do desemprego, das dificuldades económicas e das tensões familiares eram os comentários daqueles que ainda frequentavam os grupos. A violência familiar e a violência de género começam a ser invisíveis nos noticiários e nos media, os crimes e os homicídios são o que se segue.

Gradualmente, o medo foi-se instalando, o medo e o sentimento de insegurança tanto nos homens que frequentam os grupos como na população em geral.
O Coletivo de Nuevos Hombres de La Laguna, desenvolve uma oficina *"Paternar despues de la Violencia"* que está dirigida a aqueles homens que se encontram num processo de mudança na sua conduta de abuso e violência contra esposas e filhos e o Projeto: *"Desconstruindo o Sexismo entre os Jovens: Una alternativa para Prevenir la Violencia de Genero"*.

Essas experiências contribuíram para a busca de novas formas de convivência com crianças que têm sido testemunhas silenciosas da violência em seus lares e comunidades, encontrando alternativas para acabar com esses abusos e violências em relação às mães dessas crianças e apoiá-las na corresponsabilidade com elas.

- ***Os pontos de vista dos homens e dos gestores envolvidos em New Men e noutros projectos civis***
    ***organizações***

- O tráfico de droga e as actividades de violência com ele relacionadas podem ter efeitos devastadores na vida das crianças. Muitas vezes, as crianças ficam órfãs, separadas das suas famílias, recrutadas para grupos armados, vítimas de abusos sexuais, traficadas ou mortas, como é frequentemente o caso, várias destas situações ao mesmo tempo.

- As raparigas brincam num novo espaço para crianças construído por homens em La Laguna.

- Em conformidade com o artigo 12º da Convenção das Nações Unidas sobre os Direitos da Criança (CNUDC), o Coletivo de Homens Novos de La Laguna considera que as crianças de todas as idades e capacidades, incluindo as mais marginalizadas, devem ter uma palavra a dizer em qualquer assunto que lhes diga respeito. Esta deve ser informada e voluntária. Acreditamos que a participação é uma forma de trabalhar e um princípio essencial que deve ser aplicado em todos os domínios - desde os lares ao governo, do nível local ao internacional.

- Enquanto organização, promovemos a participação como uma forma de trabalhar nos nossos programas para as comunidades.

- Para que os jovens possam exprimir as suas opiniões sobre as questões que os afectam (artigo 12.º), precisam de informação (artigo 17.º) e precisam de poder reunir-se com outras pessoas para discutir questões (artigo 15.º). Sem liberdade de expressão e liberdade de pensamento (artigos 13º e 14º).

- Durante uma emergência, as crianças não só enfrentam novas ameaças à sua proteção, como os problemas existentes são exacerbados e os mecanismos e sistemas de proteção da criança podem ser minados ou danificados.
- Por conseguinte, a proteção das crianças em situações de emergência é urgente e pode salvar vidas.

-Os Objectivos de Desenvolvimento do Milénio foram tidos em conta, constituindo um quadro importante para o desenvolvimento e tendo sido feitos progressos significativos em várias áreas. No nosso caso,

Objetivo 3. Assegurar uma vida saudável e promover o bem-estar para todos, em todas as idades.

Objetivo 4. Assegurar uma educação de qualidade, inclusiva e equitativa, e promover oportunidades de aprendizagem ao longo da vida para todos.

Objetivo 5. Alcançar a igualdade de género e dar poder a todas as mulheres e raparigas.

Objetivo 11. Tornar as cidades e os aglomerados humanos inclusivos, seguros, resilientes e sustentáveis.

Objetivo 16. Promover sociedades pacíficas e inclusivas para o desenvolvimento sustentável, proporcionar o acesso à justiça para todos e criar instituições eficazes, responsáveis e inclusivas a todos os níveis.

Também levamos em conta a Declaração de Delhi: *Apelo à Ação de Deli* (2º Simpósio Global MenEngage 2014)

Envolver os homens, os jovens e as crianças para serem mais justos e rejeitarem todas as formas de violência, como a violência contra as mulheres, o casamento infantil, o casamento forçado, a seleção do sexo com base no sexo e a mutilação dos órgãos genitais.

Incentivar os homens, os jovens e as crianças a questionar todas as desigualdades, incluindo as mais estruturais.

- *As opiniões dos filhos e filhas de homens que frequentam os Grupos de Reflexão em*

 *Coletivo de Homens Novos que tiveram experiência de violência doméstica e/ou actividades criminosas.*

Perante os acontecimentos de crimes e violência, as crianças e jovens expressam as suas vivências de forma diferente, os rapazes referem ter falta de oportunidades, sedução da vida fácil, adrenalina e imitação dos seus novos heróis, fazer parte de um grupo temido e respeitado de criminosos impunes. Mas, por outro lado, referem as experiências de abusos e violência no seio da sua família, o abandono e a falta de amor. Alguns jovens brincam com a ideia de que podem viver no luxo durante alguns anos independentemente da fatura violenta.

Em vez disso, a maioria das raparigas referiu sentir-se insegura em casa, nas suas relações e na rua. As raparigas referiram não se sentirem seguras nos transportes públicos, a andar sozinhas em público ou a estar em público depois de escurecer. Para além da ameaça e do medo da violência física e sexual, referiram ser assediadas verbalmente por rapazes e homens na rua.

Quanto aos homens, manifestaram medo de estar sozinhos na rua, de conduzir o seu veículo ao pôr do sol ou à noite, de serem confundidos por pessoas alegadamente ligadas a actividades de tráfico de droga, muita insegurança, desespero devido ao desemprego, dificuldades económicas e tensões familiares foram os comentários daqueles que ainda frequentavam grupos no nosso coletivo.

*- Estudos de caso que demonstram o desenvolvimento da participação dos jovens nas organizações de assistência social como um antecedente, tendo em conta dois projectos no Norte do México e duas experiências de projectos na Nicarágua, América Central*

## EXPERIÊNCIAS ANTERIORES

### 1) Paternidade afectiva

A série de workshops *"Paternar despues de la Violencia"* é dirigida aos homens que se encontram num processo de mudança nos seus comportamentos de abuso e violência. Procurar novas formas de convivência com crianças que foram testemunhas silenciosas de violência em suas casas, encontrar alternativas para acabar com esses abusos, e violência para com as mães dessas crianças e apoiá-lo na corresponsabilidade com eles.

### 2) "Desconstruindo o sexismo entre os jovens: Uma alternativa para prevenir a violência de género"

Um projeto sobre o sexismo internalizado presente no esquema de crenças dos homens e das mulheres, a ocultação curricular e o condicionamento ou opressão masculina dos homens. Uma primeira etapa inicial foi realizada durante os meses de outubro, novembro e dezembro de 2006, com jovens de 16 a 20 anos e pessoal de organizações que trabalham com jovens na região de La Laguna (Coahuila-Durango).

Como resultado das experiências directas em Torreon, Coahuila, nos últimos dez anos, com o objetivo de acabar com a nossa violência contra as nossas mulheres, verificou-se a necessidade de procurar alternativas para a prevenção, identificando algumas pistas que pudessem integrar este trabalho, o género, os estereótipos, os papéis, os condicionamentos sociais e o sexismo. Como população em estudo, incluímos 119 jovens de ambos os sexos e 120 pessoas de organizações que trabalham com jovens.

Esta inclusão foi feita através de uma carta-convite dirigida às organizações com as quais a New Men tem uma relação laboral, inicialmente pretendia-se incorporar no projeto os jovens que estão fora do sistema educativo formal, por razões de tempo só foram incluídos os jovens que frequentavam escolas e universidades aproveitando a colaboração dos professores na distribuição do convite.

### 3) *"Promocion y defensa de los DDHH de personas viviendo con VIH y SIDA y prevención con enfoque de equidad*

A Progressio, uma ONG de Londres, e o Centro de Informacion y Servicios de Asesoria en Salud (CISAS) da Nicarágua, realizaram este projeto financiado pela União Europeia, que se destinava aos beneficiários e beneficiárias directos do projeto, mulheres e homens com VIH/SIDA e suas famílias, prestadores e prestadoras de serviços de organizações públicas e da sociedade civil, bem como funcionários e funcionárias com poder de decisão no domínio do VIH, da SIDA e da violência. Este projeto também se destinou a prestadores de serviços, decisores e líderes de opinião, pessoas com VIH, jovens em processo de formação, pessoas com necessidades específicas, como pertencentes a grupos de fé ou pessoas de género e diversidade sexual.

Foi desenvolvida uma estratégia de comunicação e foi formado um grupo de 30 jovens dos 9 aos 18 anos. As raparigas e os rapazes foram formados como promotores principais para as suas comunidades através de workshops, acampamentos, jogos e actividades de teatro de rua.
Outro grupo fundamental para esta proposta são os jovens que, juntamente com a população adulta, têm estado no processo de sensibilização, formação e capacitação do projeto.

### 4) *"Promover a Prevenção do VIH/Sida em 31 Zonas de Intervenção em 23 Municípios da Nicarágua, a partir de um Enfoque de Género, Geracional e de Direitos Humanos"*

O projeto enquadra-se na realidade das pessoas com VIH e SIDA e na sua relação com as desigualdades de género, geracionais e de direitos humanos, tal como demonstram numerosas investigações no terreno.

conceber e implementar um projeto destinado a abordar de forma integrada a prevenção dohiv em 23 municípios daNicarágua, através de uma mudança de atitudes sobre o estigma, a discriminação e a violência contra as pessoas comhiv e sida, levando a cabo a execução do projeto, trabalhando basicamente com os homens na abertura da reflexão sobre a prevenção dohiv

O VIH e a sua relação com o género e a violência geracional. Da mesma forma, propõe-se dar ênfase ao tema do vih e observar as consequências da estigmatização, discriminação e violência que se apresentam através de oficinas, actividades lúdicas e cinema-fórum. Tratou-se de um convénio de colaboração entre Ayuda en Acción e o Centro de Informacion y Servicios de Asesoria en Salud (CISAS) da Nicarágua

# EXPERIÊNCIAS RECENTES

## 1.7 Objectivos específicos e resultados esperados:

*Objetivos:* Contribuir para a melhoria da qualidade de vida de 50 mulheres e homens jovens, promovendo uma cultura de paz que favoreça o exercício dos direitos humanos e da justiça de género, favorecendo a redução da violência, em especial nas cidades de Torreon, Matamoros em Coahuila e em Gomez Palacio e Ciudad Lerdo.

Aumentar o nível de participação e a capacidade de 50 jovens de ambos os sexos para tomar decisões e o envolvimento dos homens na prevenção da violência, promovendo a sua liderança para influenciar as políticas públicas que contribuem para melhorar a sua qualidade de vida, um maior empenhamento cívico e participação na vida política e nas instituições públicas.

*Resultados:* 1)Formação de 50 jovens mulheres e homens em estratégias, planos de advocacia, comunicação, género e masculinidades ativamente envolvidos na prevenção e advocacia em torno da redução da violência, melhoria da qualidade de vida e participação na vida política 2)Promoção de uma mudança de atitudes e comportamentos em relação aos estereótipos tradicionais de masculinidade e sua ligação com o exercício da violência.

3) Reforço das capacidades institucionais das organizações parceiras envolvidas na promoção e defesa dos direitos humanos das mulheres e dos jovens na prevenção da violência e na qualidade de vida.

## 1.8 Quadro teórico

No âmbito das suas Políticas de Proteção da Criança e de Participação, o Coletivo de Homens Novos identificou várias acções, incluindo

22

- Garantir que as crianças e os adolescentes estejam conscientes dos seus direitos e do papel ativo que podem desempenhar na proteção das crianças.
- Proporcionar oportunidades regulares às raparigas e aos rapazes para exprimirem as suas preocupações, de modo a que quaisquer questões de proteção possam ser ouvidas e resolvidas.
- Permitir que as crianças e os adolescentes desempenhem um papel mais ativo no seu próprio desenvolvimento, proteção e participação na tomada de decisões.
- Promover a participação das crianças e dos adolescentes em todas as questões que afectam as suas vidas.

Os conteúdos metodológicos estão enquadrados na crença da mudança social através da educação, pelo que o método mais eficaz para a comunidade é a *Pedagogia Feminista*, juntamente com a *Educação Não Formal e a Educação Popular*. A pedagogia feminista centra-se nas relações de poder, hierarquias e opressões na violência global contra as mulheres, a educação popular centra-se nas experiências pessoais, na reflexão, no confronto e na ação para mudar os acontecimentos, promove a autogestão, fora do sistema educativo oficial.

*O Construcionismo Social*, como ferramenta metodológica que permite dar conta da aprendizagem da vida quotidiana, da sua possível desconstrução e re-significação para dar outro sentido à vida e *a Masculinidade* como ferramenta operativa de análise das realidades.

A partir de um sistema de crenças cultural e geracionalmente transmitido, a construção social das identidades de género e sexuais de homens e mulheres são diferentes, esta diferença tem sido colocada em desvantagem para mulheres e raparigas em relação a rapazes e homens, no acesso a recursos e na capacidade de tomar decisões.

As normas e os papéis socialmente pré-determinados para homens e mulheres tornaram invisível a participação das mulheres nos países em desenvolvimento. A discriminação é generalizada pelo simples facto de se nascer mulher. Esta discriminação é também exacerbada no caso das raparigas e dos rapazes com estigma, discriminação e violência que interferem na sua qualidade de vida e no desenvolvimento das suas capacidades.

A questão da desigualdade entre homens e mulheres e da violação dos direitos foi abordada por vários organismos internacionais em diferentes contextos.

Eis algumas convenções e tratados que enquadram as acções mencionadas para a igualdade e a não violência contra as mulheres e para beneficiar principalmente as populações vulneráveis.

Dentro do conceito de desenvolvimento equitativo definido a partir do Relatório de Desenvolvimento Mundial (Banco Mundial, 2006), identifica-se as mulheres, independentemente das regiões, como "presas" pela desigualdade e com acesso limitado aos benefícios do desenvolvimento. Para alcançar uma solução que permita sair destas armadilhas, é necessário que existam sistemas económicos e jurídicos com as mesmas oportunidades para todos os indivíduos independentemente da raça, género, credo ou local de nascimento.

A violência contra as mulheres tem sido um fator impeditivo do desenvolvimento dos países em geral e das mulheres em particular. A Convenção sobre a Eliminação de Todas as Formas de Discriminação contra as Mulheres (CEDAW), das Nações Unidas, prevê quadros regulamentares equitativos, coerentes com o direito internacional e respeitadores dos direitos fundamentais das mulheres, incluindo o direito a viver uma vida livre de violência (Tijerino 2008).

A Conferência Internacional sobre População e Desenvolvimento (CIPD), realizada no Cairo, Egipto, em 1994, no seu Programa de Ação, refere dois dos seus conteúdos relacionados com a questão da equidade: o Capítulo IV, sobre igualdade e equidade de género e capacitação das mulheres, e o Capítulo VII, sobre direitos reprodutivos e saúde reprodutiva (WOMEN, 2009)

A Declaração do Milénio das Nações Unidas, assinada pelos líderes mundiais em setembro de 2000, representa um compromisso da comunidade internacional para combater a pobreza, a fome, a doença, o analfabetismo, a degradação ambiental e a discriminação contra as mulheres.

No âmbito dos tratados e convenções internacionais que diferentes países assinaram e ratificaram em matéria de desenvolvimento, as recomendações daí resultantes salientam o envolvimento dos jovens e dos homens como protagonistas activos destes processos.

As recomendações da Declaração do Rio de Janeiro, propostas no Simpósio Global Envolvendo Homens e Rapazes na Igualdade de Género, em 2009, no Rio de Janeiro, Brasil, argumentam que muitos homens sofrem porque, no nosso mundo, o poder masculino não se refere apenas ao poder exercido pelos homens sobre as mulheres, mas também ao domínio de alguns grupos de homens sobre outros homens. Muitos homens e muitas mulheres vivem em condições de pobreza extrema, são degradados e obrigados a trabalhar em condições perigosas e desumanas. Muitos homens carregam cicatrizes profundas por tentarem estar à altura das exigências impossíveis da masculinidade e do conforto, correndo um risco terrível, violência, auto-destruição, álcool ou drogas. Muitos homens são estigmatizados e punidos pelo simples facto de amarem, desejarem ou terem relações sexuais com outros homens.

Mais de 1.200 activistas / profissionais de 94 países e com uma grande variedade de antecedentes organizacionais, reuniram-se no Segundo Simpósio Mundial MenEngage em Nova Deli, Índia, 2014.

Chegar aos rapazes ao longo dos anos críticos da sua educação contribuirá para a criação de uma nova geração de homens com um comportamento mais positivo em relação às mulheres, crianças, homens e pessoas transgénero. É vital sensibilizar as crianças desde a primeira infância e continuar a envolver os adolescentes, preparando-os para se tornarem sensíveis ao género, justos e compassivos.

**Direitos da criança**

A Convenção sobre os Direitos da Criança (1989) reconhece pela primeira vez que a criança tem o direito de expressar a sua opinião, de ser ouvida e de se associar. Reconhece a Criança como um sujeito de pleno direito, com direitos e responsabilidades. Através do Centro de Tempos Livres e de outros espaços de lazer é possível promover o papel *"Ativista"* dos meninos e meninas e a sua participação comunitária pode ser incentivada, para que possam expressar as suas ideias e opiniões sobre questões que os afectam, tais como: participar na conceção de espaços de jogos na cidade, instalações desportivas, mudanças culturais urbanas, fazer reivindicações de projectos de bairro, projectos para o bairro, etc.

**Convenção das Nações Unidas sobre os Direitos da Criança**

De acordo com a Convenção das Nações Unidas sobre os Direitos da Criança, as crianças de todas as idades têm o direito de participar em qualquer assunto que lhes diga respeito e de ver as suas opiniões tidas em conta. As crianças são cidadãos desde o momento do seu nascimento, mas são frequentemente tratadas como se fossem menos importantes do que os adultos e as suas opiniões tivessem menos importância. Os adultos têm naturalmente mais poder do que as crianças. A forma como escolhem exercer ou partilhar esse poder pode permitir ou impedir que as crianças realizem o seu potencial enquanto cidadãos activos. As crianças e os adultos precisam de apoio para aprenderem a abordar estas questões, de modo a poderem respeitar-se e colaborar uns com os outros.

**1.9 Metodologia**

A metodologia de empoderamento utilizada para as raparigas e os rapazes foi uma forma de desenvolver e gerir um *Espaço Amigo da Criança e Estratégias de Participação das Crianças* centradas nas medidas de segurança locais e no desenvolvimento de acções destinadas a reduzir a violência que afecta as crianças e os jovens pelo seu estatuto de grupos vulneráveis, tais como os excluídos da educação, as vítimas de violência familiar e intergeracional.

As informações para este artigo foram retiradas de diversos documentos que compõem alguns processos de sistematização da experiência coletiva dos Homens Novos de La Laguna, tais como vídeos, memórias de oficinas e acampamentos.

Inicialmente trabalhávamos com filhas e filhos de mulheres e homens que frequentavam programas de atendimento a sua violência, nos últimos três anos a chamada para crianças de7-16 anos ampliou para jovens de 17-25 anos, independentemente de suas características e

história individual e familiar. Destes grupos de jovens, foi selecionado um grupo de 50 cujas características de liderança no seio da sua família, escola, comunidade ou grupo de pares se destacam pela sua assertividade nas suas acções e atitudes, mas também por serem pró-activos, geradores de capital social e simbólico e de auto-negação de liderança. Este grupo informa e forma ao longo de um período de quatro anos, através de actividades de campo, como acampamentos, oficinas e encontros com conteúdos temáticos sobre direitos humanos, género e masculinidade, saúde sexual e reprodutiva, prevenção da violência, justiça de género, qualidade de vida, etc.

Os jovens mais velhos foram também formados como mentores dos mais novos, depois de os mais velhos deixarem o grupo por razões e interesses diversos, os menores continuam a exercer liderança nas suas relações interpessoais, na escola, na sua família e na comunidade onde vivem. Uma aposta deste grupo chave é a multiplicação de aprendizagens, conhecimentos e competências com os seus pares, capacidade de maior participação na tomada de decisões.

# CAPÍTULO 2

## Modelos de trabalho com raparigas, rapazes, jovens e homens.

### 2.1 Trabalhar com raparigas e rapazes

Jovens líderes formados como promotores e promotores comunitários. Foram mentores de crianças mais novas

*A Metodologia Criança a Criança em Espaços Amigos da Criança e a Participação das Crianças* são formas de trabalho que as crianças estão atualmente a desenvolver, conquistando espaços no meio de uma sociedade de adultos. É uma forma de reconhecer o carácter protagonista, ou seja, estimular e fazer progredir a organização das crianças para fazer face aos problemas de saúde, educação, insegurança e discriminação, para que sejam capazes de promover e defender os seus direitos.

Estas metodologias estão a trabalhar com um foco na Alegremia (alegria que circula no sangue), que surge para partilhar com mulheres rurais no norte da Argentina e depois noutros cenários, fala sobre as necessidades básicas da vida; ar, água, comida, abrigo, amor, arte, aprendizagem (Aire, Agua, Alimento, Habitacion, Amor, Arte, Aprendizaje) este é o "A" das letras iniciais das palavras espanholas para unificar a nossa vida com o cosmos (Centro de Capacitacion Estudio y Difusion Nino a Nino,

Cuenca, Ecuador).

**Metodologia de criança para criança**

Na ausência de adultos em casa ou na comunidade por várias razões, tais como catástrofes naturais, ciclones, furacões, situações de guerra, conflitos, violência política e económica, criminalidade, pobreza ou migração, as crianças tiveram de enfrentar as responsabilidades dos adultos.

Os guias de actividades "Criança a Criança" foram concebidos para ajudar as crianças a saberem como melhorar a saúde de outras crianças, das suas famílias e das suas comunidades. Os temas abordados são importantes para a saúde e a segurança da comunidade, e estão de acordo com a idade, os interesses e as experiências das crianças.

As raparigas e os rapazes foram capacitados para ganhar a vida através de um processo de formação que inclui os seguintes níveis de trabalho.

- *Definição do problema.* As crianças definem os problemas que as afectam,
- *Reconhecer o problema* e a forma como este os afecta e, assim, apropriar-se dele para trabalhar e dar soluções.
- *Estudo do problema.* As crianças e os adolescentes analisam bem todos os aspectos do problema, estudam de onde vêm e porque surgem, e tudo o que os afecta; quais são os sintomas e as consequências.
- *Planear o problema.* Definem-se a si próprios e às acções que podem tomar para combater o problema e desenvolver medidas preventivas e correctivas, tentando encontrar soluções em conjunto, integrando outras crianças, as suas famílias e a comunidade nas actividades.
- *Avaliação do processo.* Crianças e adolescentes atuam no funcionamento de seus processos; avaliam constantemente o trabalho realizado para conhecer seus pontos fortes e fracos e estabelecer sua melhoria contínua, desenvolvendo seu olhar crítico para a realidade que vive e seu desejo de transformá-la.

Raparigas e crianças pequenas nas fases iniciais de participação no Campismo

Rapazes e raparigas, tornam-se pessoas que propõem acções para os problemas, não são apenas observadores e vítimas, mas actores que cooperam na melhoria da sua

28

própria saúde, segurança e ambiente.

Esta nova atitude das raparigas e dos rapazes reflecte-se de três formas:

- De criança para criança. É através da partilha das suas aprendizagens e da colaboração com os seus irmãos e outras crianças da comunidade.
- Da criança para a família. Trabalham em conjunto no seio da família e contribuem para a difusão dos conhecimentos para a resolução dos problemas e a tomada de decisões para os combater.
- Da criança para a comunidade. A partir do momento em que a criança é aceite na organização comunitária, permite a difusão das suas aprendizagens no seio da mesma comunicação e influência com as autoridades, os vizinhos e os colegas de escola.

**Participação das crianças**
A participação significa que as crianças têm a oportunidade de expressar os seus pontos de vista, influenciar a tomada de decisões e conseguir mudanças.
Para que os jovens possam exprimir as suas opiniões sobre questões que os afectam (artigo 12.º), precisam de informação (artigo 17.º) e precisam de poder reunir-se com outras pessoas para discutir questões (artigo 15.º). Sem liberdade de expressão e liberdade de pensamento (artigos 13.º e 14.º), a Convenção das Nações Unidas sobre os Direitos da Criança (UNCRC).

Formação de crianças sobre a construção social das identidades (Nicarágua 2010-2012)

Formação de crianças sobre participação e liderança (México 2010-2012)

A participação das crianças dá-lhes poder:

• As crianças desenvolvem fortes capacidades de comunicação.
• Ganham um sentimento de realização e uma maior crença na sua própria capacidade de fazer a diferença.
• As crianças que estão habituadas a exprimir-se podem ser mais vocais em relação ao abuso ou à exploração.
• Adquirem conhecimentos políticos e sociais e tomam consciência dos seus direitos e responsabilidades.
• A participação das crianças conduz ao cumprimento de outros direitos.
• As crianças aprendem a ser cidadãos activos e responsáveis.
• O trabalho em conjunto ajuda a desenvolver relações positivas entre crianças e adultos; promove uma imagem positiva das crianças nas suas comunidades, entre os profissionais e entre os seus pares.
• Ter um papel significativo a desempenhar no âmbito de um projeto cria oportunidades de desenvolvimento pessoal para as crianças que são frequentemente excluídas.
• O envolvimento das crianças no nosso trabalho constitui um meio de as proteger contra danos e de evitar que sejam invisíveis quando se discutem planos, se definem políticas e se concebem serviços ou se tomam decisões que afectam as suas vidas.
• As crianças têm autoridade para pedir contas aos responsáveis, para garantir que os adultos pensem e se comportem de uma forma que respeite as crianças e a infância.

## 2.2 Trabalhar com jovens

Formação de jovens sobre liderança e justiça de género

Os espaços de oportunidade para que estes jovens se posicionem como agentes de mudança e desenvolvimento no México e, especificamente, na região de La Laguna, têm necessariamente a ver com a formação e educação dos jovens na identificação e modificação dos factores de risco e de proteção necessários para a prevenção da violência urbana com que as pessoas se deparam hoje em dia, incluindo os jovens.

O trabalho com jovens começou formalmente com um projeto sobre o sexismo internalizado presente nas crenças esquemáticas de homens e mulheres, no currículo sexista oculto e no condicionamento masculino ou na opressão dos homens.

A first initial phase was conducted during the months of October, November and December 2006, young people 16 to 20 years and staff of organizations working with young people in the Region (Coahuila-Durango).

31

Na sequência de experiências directas em Torreon, Coahuila, nos últimos dez anos, com o objetivo de acabar com a nossa violência para com as nossas mulheres, constatámos a necessidade de procurar alternativas para prevenir, identificar pistas que pudessem integrar este trabalho, género, estereótipos, papéis, condicionamentos sociais, sexismo. Participaram 119 homens e mulheres jovens e 120 pessoas de organizações que trabalham com jovens, como população em estudo.

Esta inclusão foi feita através de uma carta-convite às organizações que têm com os Homens Novos uma relação de trabalho, inicialmente pensada para incorporar no projeto jovens que se encontram fora do sistema formal de ensino, por razões de tempo só foram incluídos jovens que frequentam escolas e universidades potenciando a colaboração de professores e professores de distribuição de chamadas. Atualmente, os grupos procuram 40 a 50 jovens cujas características de liderança no seio da sua família, escola, comunidade ou grupo de pares o deixem pela sua assertividade nas suas acções e atitudes, mas também por serem pró-activos, geradores de capital social e simbólico e de auto-negociação de liderança (Garcia 2008).

## Ludopedagogia

A Ludopedagogia foi muito inspirada nas práticas da Educação Popular na América Latina e surge como um foco de trabalho do Centro de Pesquisa e Formação em Recreação, Jogo e Acampamento "A Mancha" do Uruguai.

Do jogo ao empenhamento social e à tomada de decisões entre os jovens

*O jogo é uma atividade livremente escolhida, que permite transgredir os padrões de vida internos e externos; uma satisfação sinérgica das necessidades humanas, que engloba a dimensão individual e colectiva e tem um impacto social, cultural e político.*

Concebemos como um dos eixos centrais da abordagem pedagógica o conceito de desenvolvimento à escala humana... esse desenvolvimento é concentrado e na satisfação das necessidades humanas básicas, na geração de níveis crescentes de autossuficiência e na articulação dos seres humanos com a natureza e a tecnologia. Processos com comportamentos locais, desde o pessoal ao planeamento, autonomia e civismo com o Estado.

### Modelo de "graus de envolvimento" de Treseder

O modelo de Treseder utiliza cinco graus de participação que devem ser considerados como "formas diferentes, mas iguais, de boas práticas". Não existe uma hierarquia de participação; o tipo de participação depende dos desejos das crianças, do contexto, das fases de desenvolvimento das crianças, da natureza da organização, etc.

*Atribuído mas informado*
Os adultos decidem sobre o projeto e as crianças voluntariam-se para ele. As crianças compreendem o projeto, sabem quem decidiu envolvê-las e porquê. Os adultos respeitam as opiniões das crianças.
*Decisões partilhadas com as crianças, iniciadas por adultos*

Os adultos têm a ideia inicial, mas as crianças são envolvidas em todas as etapas do planeamento e da implementação. As opiniões das crianças são tidas em conta e elas são envolvidas na tomada de decisões.
*Consultado e informado*
O projeto é concebido e gerido por adultos, mas as crianças são consultadas. Elas compreendem perfeitamente os processos e as suas opiniões são levadas a sério.
*Iniciado e dirigido pela criança*
As crianças têm a ideia inicial e decidem como o projeto deve ser realizado. Os adultos estão disponíveis, mas não assumem o encargo.
*Decisões partilhadas com adultos, iniciadas pela criança*
As crianças têm ideias, criam projectos e procuram os adultos para obter conselhos, discussões e apoio. Os adultos não dirigem, mas oferecem a sua experiência para que os jovens a considerem (P.TRESEDER 1997).
**2.3 Modelo de intervenção com homens.**

Equipa da Coletividade de Homens Novos de La Laguna

O modelo inicial foi o programa de intervenção -Homens Renunciando à Violência-

(Programa de Hombres Renunciando a Su Violencia (PHRSV)) Coletivo por Relaciones Igualitarias (CORIAC), com três níveis de trabalho, l6 sessões semanais de 2 horas cada uma com os seus respectivos objectivos.

Atualmente, o modelo de trabalho de outro nível, o Centro de Formação para a Erradicação da Violência Doméstica contra os Homens (CECEVIM) de São Francisco, Califórnia, inclui três cursos educativos de 2 horas por semana.

Homens do Grupo de Masculinidades nas Oficinas "Paternando Despues de la Violencia" - (Paternando Depois da Violência)

DE QUE HOMENS ESTAMOS A FALAR?
Algumas características dos homens que participam nos nossos grupos são as seguintes
- A maioria está na casa dos 30, alguns na casa dos 40-50 e outros na casa dos 16-20.

Homens e jovens dos grupos de Masculinidades e Atenção à Violência do Coletivo de Homens Novos

Normalmente, de classe média, com alguma profissão, seguindo-se os homens com algum ofício; em casos diferentes. Chegam com problemas de emprego, (subemprego ou desemprego). Maioritariamente homens urbanos, casados, separados ou em processo de divórcio, alguns são pais de meio tempo, sozinhos. Visitam os seus filhos, têm-nos ao fim de semana, mas não vivem com eles. Apresentam-se expressando uma dor profunda atribuída à sua rutura com as suas parceiras, mas sobretudo em busca de apoio em relação à recuperação afectiva das suas filhas e filhos. Geralmente chegam numa posição de "vítima" com sentimentos em muitas ocasiões nem identificados por eles mesmos.ressentimento, raiva, culpa, solidão, tristeza, impotência, entre outros, os homens chegam pedindo "ajuda" para recuperar sua família, dificilmente ouvem pedir ajuda para se recuperar, não têm consciência do impacto que a violência causou em suas vidas nem na vida das pessoas que os cercam. Não separam a raiva ou a revolta do seu comportamento violento, muito menos identificam a necessidade de usar mecanismos de controlo e autoridade para impor as suas próprias formas de pensar sobre os outros, caindo no exercício abusivo do poder nas suas relações. É muito comum ouvi-los culpando os outros pela situação pela qual passam, principalmente culpam a parceira. Enquanto decorre a nossa estadia no grupo, muitos homens desenvolveram uma identidade positiva, ou seja, uma conetividade emocional, desapego e solidariedade. Deixam-se brincar, ser mais abertos, descontraídos e amorosos e também ouvem os outros.

Procurar novas formas de convivência com crianças que foram testemunhas silenciosas de violência dentro de casa, encontrar alternativas que permitam acabar com estes abusos e violência para com as mães destas crianças e apoiá-las na corresponsabilidade com elas.

O Coletivo de Homens Novos demorou alguns anos para decidir trabalhar com a população infantil, no ano de 2005 e 2006 foram realizadas as primeiras oficinas com filhos de homens que frequentavam o

programas de violência e masculinidade solicitados pelos mesmos homens como uma necessidade, estes workshops para ser um pai afetivo depois da violência (Paternar Despues de la Violencia) dirigidos a homens que se encontram num processo de mudança de comportamentos abusivos e de violência para encontrarem novas formas de viver com os filhos que testemunharam violência dentro de casa, e encontrarem alternativas para acabar com estes abusos e violências para com as mães e os seus filhos e depois apoiá-los com responsabilidade.

Essas oficinas serviram de base para fortalecer o trabalho com os jovens, no final do ano de 2006, recursos financeiros do Estado obtidos junto ao Programa Vida sem

Violência, para a realização de um projeto de prevenção da violência juvenil "Desconstruindo o Sexismo entre Jovens: Uma Alternativa para Prevenir a Violência de Género" .

Alguns homens do Grupo de Masculinidades do Coletivo de Nuevos Hombres de La Laguna, participando como mentores e formadores no âmbito do projeto de fortalecimento da liderança de crianças e jovens.

# CAPÍTULO 3

## O processo, os resultados e as conclusões da experiência.

### 3.1 Processo

Partindo da ideia de que esta proposta sobre o reforço da liderança de raparigas, rapazes e jovens é um compêndio de experiências num período de tempo alargado (20092013), existem vários processos a considerar: Processos de *Cultura, Estrutura, Prática* e *Revisão*.

**Cultura**
Embora La Laguna tenha uma história de elevada participação social, os incidentes de crimes e violência no país e em La Laguna em particular geraram um clima de tensão, medo, desconfiança e insegurança.
No entanto, as organizações da sociedade civil com as quais o Coletivo de Homens Novos tem colaborado desde o seu início, decidiram partilhar e apoiar esta proposta, são elas, Mulheres Vivas (MujeresVivas) que trabalham com mulheres que sofrem abusos e violência doméstica, Centro de Integração Juvenil (Centro de Integracion Juvenil) para a prevenção da toxicodependência, duas casas de abrigo para mulheres e seus filhos que vivem em situação de violência extrema, grupos de jovens da Universidade de Coahuila e os Grupos de Diversidade Sexual.

### 3.2 Grupos-alvo

Trabalho com crianças a partir de 2004 com a série de oficinas sobre Paternidades Afetivas (Paternar despues de la Violencia) para os homens que frequentam os Grupos de Reflexão no Coletivo de Homens Novos.
O projeto "Jovens" é formalmente iniciado com um projeto sobre o sexismo internalizado presente no esquema de crenças dos homens e das mulheres, o currículo sexista oculto e o condicionamento masculino ou a opressão dos homens. Uma primeira fase inicial foi realizada durante os meses de outubro, novembro e dezembro de 2006, com jovens de 16 a 20 anos e pessoal de organizações que trabalham com jovens na região de La Laguna.
Inicialmente, trabalhámos com filhas e filhos de mulheres e homens que frequentavam programas de cuidados na Violência, nos últimos três anos a chamada para crianças, crianças dos 7 aos 16 e dos 17 aos 25 anos, independentemente das suas características e antecedentes individuais e familiares.
Nessa altura, incluímos 119 jovens de ambos os sexos e 120 pessoas de organizações que trabalham com jovens, como população objeto de estudo.

3 Organizações da sociedade civil de cada uma de quatro cidades, Torreon e Matamoros em Coahuila e Gomez Palacio e Lerdo em Durango, defensores dos direitos humanos, prestadores de serviços a jovens e resposta à violência.

200 estudantes de escolas e universidades e 200 jovens de bairros de lata em polígonos seleccionados, mais afectados e mais vulneráveis à violência e à criminalidade, que serão sensibilizados através de uma campanha de comunicação e de sensibilização para prevenir a violência e reduzir a discriminação por idade, sexo, estatuto social, etc.

Destes grupos de Jovens, foi selecionado um grupo de 50 jovens de ambos os sexos, com idades compreendidas entre os 12 e os 18 anos, cujas características de liderança no seio da família, escola, comunidade ou grupo de pares se prendem com a sua assertividade nas suas acções e atitudes, mas também por serem proactivos, geradores de capital social e simbólico e auto-gestores.

### *Estruturas*

A conceção das oficinas e as actividades simultâneas contempladas
No planeamento e execução foram feitas de acordo com as idades das crianças e jovens, os nomes das oficinas marcam os eixos temáticos abordados de forma subsequente.
I   Construção Social das Identidades Feminina e Masculina".
II  Estigma e Violência por Razões de Género, como factores de vulnerabilidade em pessoas em situações de conflito e pós-conflito".
III  "Género e Masculinidades como determinantes para uma Prestação Equitativa de Serviços à Comunidade".
IV  "Participação na liderança de raparigas, rapazes e jovens"
V   "Identificação de propostas e parcerias institucionais e com ONGs, para incorporar as aprendizagens obtidas nos seus programas de prevenção da violência de género".

As actividades simultâneas foram: Encontros, Acampamentos, Cinema-Fórum, Actividades de Lazer, Teatro, Campanhas, Efemérides, Feiras.

A equipa técnica do Coletivo de Homens Novos, os decisores e os prestadores de serviços de organizações públicas e da sociedade civil estiveram envolvidos nas actividades de planeamento e formação.

### 3.3 Estratégia

### *Prática*
Os pais e as mães, bem como os directores das escolas, autorizam por escrito a participação das suas filhas e dos seus filhos nestas actividades de aprendizagem.

*Autorização dos pais/encarregados de educação:* Se uma criança estiver fisicamente presente numa atividade, os pais/encarregados de educação devem preencher um formulário de consentimento parental. Deve também dar aos pais/encarregados de educação uma informação verbal ou escrita sobre a atividade, para que possam tomar uma decisão informada sobre se querem ou não que o seu filho participe.

*Consentimento das crianças:* É necessário dar às crianças a oportunidade de darem o seu consentimento para participarem na atividade ou no programa. Este consentimento pode ser verbal ou escrito. Certifique-se de que dá às crianças o máximo de informação possível sobre o que vão fazer.

O objetivo dos Espaços Amigos da Criança (EAC) era apoiar as necessidades de desenvolvimento e aprendizagem de 400 rapazes e raparigas (0-18 anos) através da proteção integrada,

serviços psicossociais e educativos. Foram disponibilizadas instalações básicas de água e saneamento em todos os espaços e a promoção da higiene foi integrada no currículo do CFS.

Os graus de participação das crianças e jovens envolvidos foram avaliados de acordo com a sua faixa etária.

As principais actividades incluíram:
• Actividades recreativas, de aprendizagem e psicossociais, incluindo jogos locais para crianças (6 a 18 anos), facilitadas por animadores da comunidade local;
• Sessões de competências de vida para crianças mais velhas e adolescentes (12-18 anos);
• Sessões de sensibilização sobre a forma de evitar abusos e violência e sobre os riscos de proteção, incluindo a educação para a vida.
• Sessões parentais para cuidadores de raparigas e rapazes (6-11 anos)
• Identificação e encaminhamento e/ou apoio direto a crianças em risco, incluindo sobreviventes de violência, abuso e exploração;
• Identificação e ligação de adolescentes vulneráveis, como as raparigas adolescentes em risco de casamento precoce, às necessidades básicas e ao apoio aos meios de subsistência.

Os Espaços Amigos da Criança ofereceram um local seguro para as crianças interagirem com os seus pares fora de casa e receberem apoio psicossocial direto. Quando os facilitadores de Homens Novos identificavam uma preocupação com a proteção da criança, esta era encaminhada para as ONG locais para receber o apoio especializado e a gestão de casos adequados. Através dos espaços CFS, os adolescentes, especialmente as raparigas em risco de casamento precoce e as crianças afectadas pelo tráfico de droga, foram identificados e considerados prioritários para o acesso a artigos de socorro, apoio psicossocial e competências para a vida.

A *Estratégia de Participação* inclui dois tipos de metodologia: Metodologia para a Aprendizagem utilizando as metodologias Criança a Criança, Pares e Ludopedagogia

e Metodologia para a Avaliação aplicando o modelo de 'Graus de Envolvimento' de Treseder.
O que é a *participação das crianças*?
A participação significa que as crianças têm a oportunidade de expressar os seus pontos de vista, influenciar a tomada de decisões e conseguir mudanças.

Há muitas abordagens diferentes que podem ser adoptadas para envolver as crianças no seu trabalho. O tempo e a energia que as crianças investem numa determinada atividade e o que obtêm do seu envolvimento variam de acordo com a abordagem adoptada, bem como com outros factores, como os recursos disponíveis. Por exemplo, um evento de consulta pontual é limitado no tempo e o envolvimento das crianças será relativamente passivo. Um projeto a longo prazo, em que as crianças concebem actividades e colaboram com adultos ao longo de vários meses, exige mais tempo, energia e investimento da sua parte.

Além disso, é mais provável que adquiram novas competências e que produzam mudanças positivas. No entanto, o nível de envolvimento das crianças também depende da forma como se facilita o processo. Aplicámos aqui um modelo que muitas pessoas consideram fácil de utilizar e relevante.

**Modelo de "graus de envolvimento" de Treseder**
O modelo de Treseder utiliza cinco graus de participação que devem ser considerados como "formas diferentes, mas iguais, de boas práticas". Não existe uma hierarquia de participação; o tipo de participação depende dos desejos das crianças, do contexto, das fases de desenvolvimento das crianças, da natureza da organização, etc.

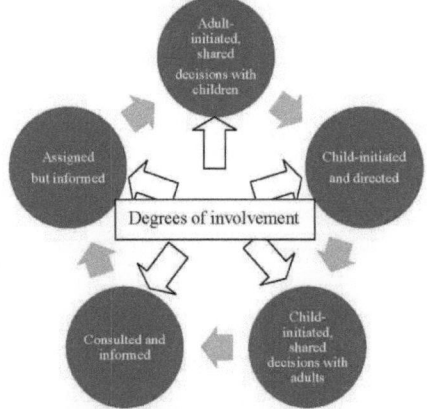

P Treseder, *Empowering children & young people: promoting involvement in decision-making*
*Atribuído mas informado*
Os adultos decidem os projectos e as crianças voluntariam-se para eles. As crianças compreendiam os projectos, sabiam quem decidia envolvê-las e porquê. Os adultos respeitaram as opiniões das crianças.
*Decisões partilhadas com as crianças, iniciadas por adultos*
Os adultos tiveram a ideia inicial, mas as crianças foram envolvidas em todas as

etapas do planeamento e da implementação. As opiniões das crianças foram tidas em conta e elas foram envolvidas na tomada de decisões.

*Consultado e informado*
Os projectos foram concebidos e geridos por adultos, mas as crianças foram consultadas. As crianças compreenderam perfeitamente os processos e as suas opiniões foram levadas a sério.
As crianças tiveram a ideia inicial e decidiram como os projectos deviam ser realizados.
Os adultos estavam disponíveis, mas não se encarregaram de o fazer.

*Decisões partilhadas com adultos, iniciadas pela criança*
As crianças tiveram ideias, criaram projectos e procuraram os adultos para aconselhamento, discussão e apoio. Os adultos não dirigiam, mas ofereciam os seus conhecimentos para que os jovens os considerassem.

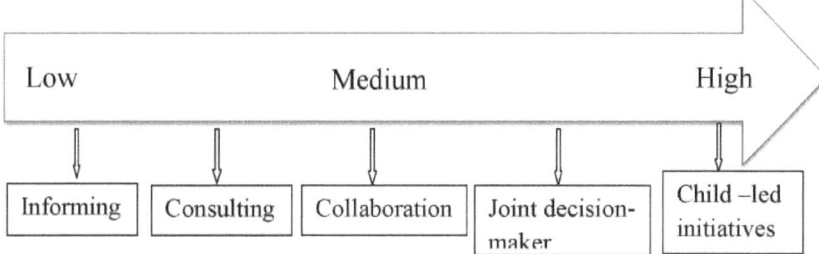

**Envolvimento de baixo nível**
• As crianças eram passivas
• Os adultos tomam a iniciativa
• Os adultos concebem e definem os parâmetros da atividade
• As crianças foram convidadas a participar numa atividade concebida por adultos
• As crianças foram informadas e consultadas
• Atividade limitada no tempo ou pontual
• Os adultos detinham a maior parte do poder
• Os adultos estavam preparados para ouvir e ter em conta as opiniões das crianças

**Envolvimento de nível médio-alto**
• As crianças foram protagonistas activos
• As crianças colaboraram com os adultos
• Tomada de decisões partilhada entre adultos e crianças
• Adultos e crianças respeitavam-se mutuamente como partes interessadas iguais
• As crianças foram envolvidas em actividades de conceção
• As crianças facilitaram ou dirigiram actividades
• A participação das crianças conduziu à mudança
• As crianças adquiriram novas competências
• Por vezes (nem sempre) uma atividade a longo prazo
• As crianças tomaram a iniciativa e pediram o apoio dos adultos sempre que necessário

As crianças podem não querer participar numa atividade, ou você pode não ter tempo ou capacidade para trabalhar desta forma. No entanto, sabemos que quando as crianças têm a oportunidade de assumir a liderança, de colaborar com os adultos e de tomar decisões conjuntas com eles, são elas que mais ganham em termos de maior confiança, competências, conhecimentos e sentido de realização. Os adultos também podem ganhar muito com este tipo de trabalho.

Os níveis de participação das crianças e dos jovens foram progressivos, dependendo dos contextos, dos tempos disponíveis e do apoio dos pais.
O grupo-alvo de 50 raparigas, rapazes e jovens foi selecionado entre os níveis médio e superior.

## *Revisão*

*A avaliação* é uma forma de registar como as crianças e os jovens foram ativamente envolvidos e, mais importante, como a participação ajudou a mudar os seus comportamentos ou a melhorar os serviços de assistência social. Os processos de acompanhamento e avaliação da participação de 50 crianças e jovens permitiram ao Coletivo dos Homens Novos sistematizar as experiências, identificar experiências de sucesso e validar mudanças na vida das raparigas, rapazes e jovens que participaram no processo de sensibilização, formação.

2007, tiveram que enfrentar novas mudanças estruturais e sistémicas no país, a violência urbana, a criminalidade e as actividades relacionadas com o sistema de tráfico de drogas, esta situação tem impacto nos processos individuais dos homens que frequentam os programas na nossa região, reflectindo-se em abandono escolar, violência familiar, agitação, insegurança, desemprego, desconfiança, etc. O distanciamento social entre os grupos e a desorganização social se tornam mais evidentes, os espaços se tornam um caldo de cultura para novas violências emergentes, como o crime organizado (Parque 2007).

A violência doméstica e a violência contra as mulheres eram especificamente invisíveis, os meios de comunicação social dão maior ênfase a estas violências emergentes.

Com estes cenários, em 2008 o trabalho coletivo com homens, Homens Novos reestruturando, programas, incluindo os de crianças e jovens foi reforçado com a contribuição de metodologias lúdicas baseadas na educação popular e teorias sócio-culturais.

Ao longo do jogo, foram explorados diferentes tipos de liderança entre grupos de crianças, identificando-se a si próprias e outras qualidades. É importante um acompanhamento atento por parte do facilitador, do mentor ou dos jovens participantes.

Espaços de convivência estão se recuperando após períodos de violência e criminalidade. A agenda pública da cidade de Torreón incorporou a restauração e a recuperação de ruas, parques e centros de convivência, espaços que foram abandonados pelo medo e pela insegurança gerados pelo tráfico de drogas.

## 3.4 Aprendizagem alcançada

1, Dar atenção prioritária às necessidades e aos interesses dos grupos de jovens e desenvolver o seu potencial. A Tolerância ajuda a reformular as atitudes e os comportamentos dos jovens.

2, As condições de convivência e de confiança estabelecidas entre os jovens e os adultos beneficiários (aspeto geracional) nas experiências de formação têm sido um fator chave para o seu empenho na melhoria que têm sido uma oportunidade para descarregar e canalizar desejos, necessidades, problemas, frustrações, aspirações e alternativas, essenciais no início de um fator de transformação das desigualdades e do género.

3, A atitude compreensiva, aberta e reactiva dos adultos que acompanharam o desenvolvimento do projeto, como educadores, operadores logísticos dos workshops e a participação e envolvimento dos jovens, foi um aspeto muito importante que pode construir processos de desenvolvimento inclusivos e sustentados de crescimento mútuo intergeracional. Os adultos restringem conscientemente o seu poder e tentam transcender o adultocentrismo prevalecente nestas sociedades para abrir caminho ao desenvolvimento das suas próprias capacidades de investigação e da juventude.

4, Há um aprendizado significativo ao se constatar que as iniciativas interinstitucionais Novos Homens e a troca de experiências e a unificação de critérios e linguagem com as organizações de atendimento e juventude, possibilitando-lhes maior consistência e capacidade de trabalhar em conjunto e de forma integrada na prevenção da violência e nas relações igualitárias.

a disponibilidade de trabalhar em equipa para enfrentar os desafios colocados pela violência urbana emergente,

5, A consistência do conceito metodológico e o seu desenvolvimento sistemático é certamente um fator valioso de experiência que se pode ordenar, aprender com ele e elevar o seu potencial de replicabilidade considerando as particularidades de cada cenário social nesta diversidade de contextos e populações onde este projeto é implementado, Ele pode mudar realidades, para através de jogos (ludo-pedagogia),

6, A inclusão de mulheres e homens jovens a partir da experiência concreta de participação juvenil oferece oportunidades para o desenvolvimento de factores de sucesso em que o reforço de capacidades se destaca como organização e mobilização de jovens, liderança juvenil, visão e acções empenhadas no interesse da transformação social, A desestigmatização subjacente aos esforços de inclusão alargada, é um pilar do trabalho com os sectores da juventude, e que o estigma e a discriminação estão entre as barreiras mais significativas para o trabalho sustentável, profundo e transformador necessário para o desenvolvimento da nossa região,

7, Em termos de sustentabilidade, esta parece assentar, em grande medida, numa maior capacidade de gestão dos recursos por parte das mulheres e dos jovens, mas também na capacidade de apresentação do trabalho destas iniciativas e nos resultados concretos do seu trabalho institucional e organizacional, A aprendizagem recebida durante os processos de formação permitiu às mulheres identificar os seus próprios espaços e a sua capacidade de tomar decisões,

8, A experiência alcançou um certo nível institucional e organizacional, por exemplo, a formação de grupos de crianças e jovens centrados na prevenção de questões específicas que contribuem para uma melhor qualidade de vida, interagindo com funcionários e agentes públicos, reforçando a liderança com capacidade organizacional,

9, Género e Prática da liderança de raparigas, rapazes e jovens é uma boa estratégia para o empoderamento,

10, Em contextos de conflito, é importante determinar a localização e a estratégia de implementação do Espaço Amigo da Criança numa fase inicial da resposta, tendo em conta a segurança física e a acessibilidade, a acessibilidade social, a apropriação local, a inclusão das crianças mais marginalizadas e a acessibilidade de outros serviços,

11, A abordagem integrada das actividades de proteção da criança, psicossociais e educativas nos Espaços Amigos da Criança foi uma estratégia bem sucedida para evitar uma interrupção prolongada da educação e para proporcionar aos alunos um apoio suplementar durante a crise,

### 3.5 Conclusões

Os adultos, tais como os prestadores de serviços, identificaram como principais aprendizagens, as organizações públicas e privadas que têm em conta a abordagem de género para as necessidades das raparigas e das mulheres, os efeitos do estigma e da discriminação sobre as raparigas, os rapazes e os jovens apenas pela sua idade e condições de género, subestimando as suas capacidades de participação em assuntos

44

que lhes dizem respeito e os afectam, a eficácia dos métodos de ensino baseados em jogos e fóruns de cinema. Consideram importante a participação organizada dos jovens em actividades recreativas e no cinema-fórum, o que os motivou a estender-se a outras organizações públicas ou da sociedade civil. Os jovens, como principais aprendizagens, referem uma maior capacidade de organização e participação, ferramentas dos meios de comunicação social, justiça de género e não discriminação das pessoas vulneráveis.

As experiências locais dos Homens Novos no trabalho com jovens na região de La Laguna, tem sido levantadas como uma alternativa para reduzir os estragos da violência, para desespero das famílias ao verem como cada vez mais os homens jovens são cooptados para o sistema de violência e criminalidade relacionado ao tráfico de drogas, veículos, pessoas, armas sendo usados numa hierarquia de poder-poderes que vão desde crianças-jovens, chamados de "gaviões" "zetillas" até "primos", "bads".

Muitos dos jovens das comunidades anteriormente marginalizadas agrupavam-se em bandos, gangues, que tinham, sem dúvida, uma hierarquia de grupo muito diferente, com actividades criminosas também diferentes. Agora esses bandos já não existem e muitos dos seus líderes desapareceram ou foram mortos e os que sobreviveram estão dentro das redes do crime organizado, envolvidos em várias actividades ilegais.

Diferentemente, as meninas, nessa cadeia de violência, desempenham o papel mais degradante na hierarquia dos homens, como "mulas" (traficantes), para serem responsáveis pelos seqüestrados, para vigiar.

As áreas de oportunidade para os jovens como agentes de mudança e desenvolvimento na região têm um grande défice, as iniciativas destes jovens não são normalmente consideradas pelos adultos, e dentro deste grupo vulnerável, raparigas e mulheres, têm uma grande desvantagem que tem a ver com questões de sexo e género. Numa sociedade patriarcal como a nossa, existem "lotes" de poder hegemónico onde os jovens não têm lugar na tomada de decisões, ser jovem no nosso país é motivo de "suspeição", "inexperiência" "desobrigação" "imaturidade" alguém num rito de passagem quando se torna homem ou mulher.

Se partirmos da ideia de que a participação dos jovens pode ser um fator desencadeador de mudanças sociais, políticas ou económicas. Então, na região de La Laguna, diante de um cenário complexo de urbanização, globalização e desenvolvimento, os jovens também são confrontados com a violência social, política e econômica, repleta de fatores de risco de difícil proteção.

A situação de segurança era uma preocupação constante porque a situação continuava volátil. Devido a esta situação, a equipa New Men nem sempre podia viajar para os locais do projeto, o que tornou a liderança local e a apropriação ainda mais

45

importantes. As autoridades locais e os supervisores da New Men foram responsáveis pela avaliação contínua da segurança dos Espaços Amigos da Criança. Quando os riscos aumentavam, as actividades eram suspensas. Um dos desafios operacionais mais marcantes é a situação de segurança volátil em que a New Men opera. Na maioria das áreas do programa, os actores armados não estatais e os grupos militares ainda estão operacionais e os incidentes de segurança não são incomuns.

Partimos do princípio de que a violência é um comportamento aprendido e que se constrói a partir da assimilação da assimetria nas relações de género e da compreensão dessa assimetria como resultado da hierarquia de género.

Consideramos que uma das formas de desmantelar os comportamentos violentos é a construção de esquemas de pensamento igualitários e o respeito pelos direitos humanos entre pares, incluindo os direitos dos jovens, principalmente das raparigas e das mulheres. Estes princípios estão incluídos na Agenda-chave para o Desenvolvimento Pós-2015:

O sistema do narcotráfico e do crime no México tem muita mobilidade, vários estados estão convulsionados pela violência, estados que fazem fronteira com Durango e Coahuila, como Tamaulipas, Nuevo Leon, Zacatecas e Chihuahua, estão a ser fortemente afectados pela violência. Na nossa região, alguns grupos exigem às autoridades governamentais locais, estaduais e federais justiça para os seus familiares desaparecidos devido à violência.

Atualmente, em Torreon, existem mais de 568 espaços públicos de livre trânsito, estes espaços públicos constituem uma das principais infra-estruturas de que dispomos na cidade, que permitem uma interação entre as pessoas que os frequentam.

Devido à implementação do programa "Cidades e Espaços Públicos Seguros para Mulheres e Raparigas" em Torreon pela ONU Mulheres, é pertinente analisar como os espaços públicos são concebidos para uma convivência saudável onde as mulheres e as raparigas têm acesso a locais livres de violência.( Ana Falu & Olga Segovia 2007)

O espaço público é o lugar comum, onde os cidadãos têm de interagir, onde a cultura de uma comunidade é configurada e expressa; estes lugares são as ruas, praças, parques, espaços desportivos, bem como mercados, teatros, edifícios governamentais, cinemas, locais de entretenimento e lazer.

Mas na cidade também existem os espaços privados de uso público restrito, estes espaços localizam-se em zonas de nível socioeconómico mais elevado; abrigados em recintos fechados, deixando apenas para o trânsito livre uma rede viária exclusiva que liga os acessos a estes espaços privados, tornando esta rede num local inseguro por não ter um desenho adequado que permita ao cidadão integrar-se no espaço e nas diferentes formas de mobilidade.

O programa da ONU Mulheres recomenda a conceção e o planeamento de espaços

públicos que reforcem a equidade de género, tais como
Visibilidade adequada em torno da área, algumas áreas de jogo estão perto de casas adjacentes para permitir o acompanhamento social, uma disposição espacial clara de todo o parque e das zonas de jogo.

Recomenda-se também que as cidades tenham áreas de lazer multifuncionais, ou seja, áreas especiais para atividades preferidas pelas meninas, como o vôlei, por exemplo. Essas ações devem ser avaliadas como apropriadas para serem incluídas no planejamento e design nos espaços públicos das cidades, juntamente com políticas públicas abrangentes eficazes com programas de segurança com campanhas que promovam a denúncia, o respeito aos direitos das mulheres e Meninas, para ajudar a fortalecer os laços sociais e culturais entre as pessoas. (Instituto Municipal de Planeacion y Competitividad de Torreon (IMPLAN) 2013-2017.

**Alcançar a paz e a segurança**
". Defender os direitos das mulheres e dos jovens a estarem livres de violência, incluindo a violência sexual e baseada no género, para alcançar a paz e a segurança e proteger os direitos reprodutivos. Proteger as populações mais vulneráveis em situações de conflito e emergência natural..." (UNFPA, 2015)

**Bibligrafia**

BRISENO-LEON, R. (2002). VIOLENCIA, SOCIEDAD Y JUSTICIA EN AMERICA LATINA. Buenos Aires:CLACSO ISBN 950-9231-81-9.

CARRION, M. F. (2008 v.34 n.103). Violência Urbana: um asunto de ciudad. EURE (Santiago).

Censo de População e Habitação (2010). Perfil sociodemografico : Estados Unidos Mexicanos : Censo de Poblacion y Vivienda 2010 / Instituto Nacional Estadistica y Geografia.-- México : INEGI, c2013.

Centro de Investigação México Avanza e Fundação para a Promoção, Desenvolvimento e Empoderamento das Mulheres, A.C. Diagnóstico participativo de violência sexual contra mulheres nos municípios de Gomez Palacio e Lerdo, Durango 2014

Centro de Capacitação, Estudo e Difusão Nino a Nino, Cuenca, Equador. Esperanza, Alegremia y Salud de los Ecosistemas, Metodologia Nino a Nino, Guia para Facilitadores,

Convenção sobre os Direitos da Criança -1990
http://www.ohchr.org/Documents/ProfessionalInterest/crc.pdf

DECLARAÇÃO DE DELHI E APELO À ACÇÃO: 2º Simpósio Global MenEngage 2014 Homens e Rapazes pela Justiça de Género 10-13 novembro 2014 | India Habitat Centre | Nova Deli

Direitos Humanos dos Meninos e Adolescentes em Coahuila, 2014-2017

FALU, A. (2009). MUJERES EN LA CIUDAD. De violencias y derechos. Santiago de Chile: Red Mujer y Habitat de America Latina - Ediciones SUR.

FALU Ana & Olga Segovia, CIUDADES PARA CONVIVIR: SIN VIOLENCIAS HACIA LAS MUJERES -**Debates** para la construccion de propuestas -Ediciones SUR, 2007 J. M. Infante 85, Providencia, Santiago de Chile

corporacionsur@sitiosur.cl - www.sitiosur.cl

GARCIA, A. (2008) DECONSTRUYENDO EL SEXISMO ENTRE LOS JOVENES: Uma Alternativa para Prevenir a Violência de Género. Coletivo de Hombres Nuevos de la Laguna, Torreon, Coahuila. México www.astalo45.wordpress.com

GARCIA, A. (2007) Un Lugar en donde los hombres son aceptados. Coletivo de Hombres Nuevos de La Laguna, Torreon, Coahuila,

México. *www.astalo45.wordpress.com*

Instituto Municipal de Planeacion y Competitividad de Torreon (IMPLAN) Órgão técnico responsável pela planificação do desenvolvimento do município de Torreon, Coahuila, México. http://www.trcimplan.gob.mx/blog/espacios-publicos-seguros-para- muj eres-y-ninas. html

LONDONO, J. L. y R. GUERRERO, "Violencia en America Latina. Epidemiologia y costos", Red de la Oficina del Economista Jefe, Banco Interamericano de Desarrollo (BID), Washington DC.1999

MOSER, C. Ambiente & Urbanização, Vol.16, Num.2, outubro 2004

PARK, R.E. The Concept ofSocial Distance As Applied to the Study ofRacial Atitudes e relações raciais. O Projeto Mead 2007

Plan International (2017) *Child Friendly Spaces Providing child protection and education in conflict settings: a case study from Timbuktu, Mali.* Reino Unido: Plan International.

POLLY Wright, Claire Turner, Daniel Clay e Helen Mills. A participação das crianças e dos jovens no desenvolvimento dos cuidados sociais. GUIA PRÁTICO DE PARTICIPAÇÃO 06
Programa de Proteção e Garantia dos Direitos Humanos dos Meninos e Adolescentes e Sistema Estatal de Garantia -2017

Programa para a Igualdade e Não Discriminação. Coahuila de Zaragoza 2014 2017

SEIDLER, J. (2007). MEDOS URBANOS E TERRORES GLOBAIS. Citizenship, Multicultures and *Belongings After 7/7.* Londres e Nova Iorque : Routledge, Taylor and Francis Group Library.

SERRATO, M.L. Ninos, Ninas y Jovenes en Riesgo. Entre politicas de reclutamiento de los grupos armados y estrategias de prevencion y resistencia de las comunidades Bogotá, Colombia, 2011

TIJERINO, "La Funcion del Marco Juridico en la Promocion de la Equidad de Genero" Serie: Cuadernos de Genero para Nicaragua # 5, 2008,

TRANSFORMANDO O NOSSO MUNDO: A AGENDA 2030 PARA A SUSTENTABILIDADE
DESENVOLVIMENTO (2015)
https://www.un.org/pga/wpcontent/uploads/sites/3/2015/08/12081 5_outco me-document-of-Summit-for-adoption-of-the-post-2015-development- agenda.pdf

P.TRESEDER, *Empowering children & young people: promoting involvement in decision-making,* Save the Children, 1997.

VILALTA, P.C.J. El Miedo al Crimen en México: Estructura Logica, Bases Empiricas y Recomendaciones Iniciales de Politica Publica. VOL UMEN XIX . NUM. 1. I Semestre de 2010

VILALTA, C.J. Los determinantes de la percepcion de inseguridad frente al delito en Mexico, Banco Interamericano de Desarrollo, 2012.

ALEMÃO Marino S. y Lola Cendales G. Educacion No Formal y Educacion Popular Hacia una pedagogia del dialogo cultural Federacion Internacional deFey Alegria desde el ano 2001. Caracas 2004
http://www.feyalegria.org/images/acrobat/EducNoF ormalEducPopular_4834.pdf

Printed by Books on Demand GmbH, Norderstedt / Germany